寺祭巡礼

北條秀司
Hojo Hideji

淡交社

南信濃新野の夜田楽

大和五条の鬼走り

秩父隠れ里おんまらさま

松本平の三九郎焼き

明日香の宮のおん田遊び

牛久保城下のうじ虫祭り

奥近江の大凧揚げ

相模大磯座問答

吉野山の蛙飛び

相馬の原の野馬追い

九十九里浜の鬼来迎

日高川べりの笑い祭り

奥三河のさん候祭り

美保ヶ関の諸手船

奇祭巡礼

北條秀司

目次

挿絵――林　悌三

写真提供――金子　弘、三村幸一、戸部慶隆、浅見清一郎、柴山緑風、
熱田神宮、松沢善茂、松原勇吉、田川　弘、斎藤文男、
坂本隆定、植田正治（掲載順）

◎本書は昭和四十四年九月に淡交社より刊行した『奇祭巡礼』を復刻・改訂したものである。本文中に現在では不適切とみられる表現があるが、作品の独自性、また著者がすでに故人であるという事情に鑑み、原文通り掲載している。ただし、明らかな誤りなどの一部は改め、ふりがなは新たに付した。なお、巻末の「行事のしるべ」は刊行当時と異なるため、可能な限り現在の情報に改めた。

三州西尾のテンテコ祭り

名古屋へ芝居や踊りの稽古に出かけると、時折りわたしはホテルを逃げ出して、新舞子《しんまいこ》という海岸へ磯料理を食べにゆく。そこは知多半島の西海岸で、松林の中に舞子館という古い旅館があり、波の音が夜っぴて枕にひびいてくれる。

昨夜も遅くそこへ泊まり、ぐっすりと朝寝坊をして、ゆっくりと日本の朝ご飯を食べ、今年はじめてのお雑煮を祝った。新聞にはお正月だというのに、東大騒動の写真が大きく出、学生達のお雑煮も祝わないらしい貧相な顔が並んでいた。

名古屋へは夕方までに帰ればいいので、少し遠まわりをしてみようと思った。

なるべく土地生まれの年寄の運転手を頼んだので、それらしい人が来てくれた。

わたしは旅先で乗る運転手を郷土風俗史の講師とかんがえている。一時間も同車していると、大体その土地の風土感が頭にはいる。外から覗くことのできない茶の間の行事まで教わることができる。知らねば通り過ぎたであろう古祠《こし》や古屋敷にも、クルマを停めてタップリと臨床講義を受けることができる。だからタクシー代は安いものだ。

げんに今日も、新舞子を出て、常滑《とこなめ》の町から半田《はんだ》の漁港に近づくと

「ここが、半田亀崎《かめざき》女子の夜這《よば》いという唄で名高い漁師町です」

と、講座の第一頁を飾ってくれた。

第二頁も有益だった。それはこの土地に手におえない若者が居て、追われる如く町を出て行ったが、それが職業野球で大スターにのし上がって、郷土の誇りと崇められることになった。この間町へ遊びに来た時は、町長以下町の有力者が全員礼服で駅まで出迎えたという。一つ芝居が出来た。

新しく架かった衣ヶ浦《ころもがうら》大橋をわたって、碧海《へきかい》郡にはいった。漫然とした予定では、海辺を南下して、一色町に出、去年の夏大提灯祭りを見に行った時たいへん深切にしてくれた寿司秀という寿司屋でビールをのみ、それから三州は吉良《きら》の港の舟着場で遊んで、火祭りで名高い幡豆《はず》の鳥羽町から蒲郡《がまごおり》に出るつもりだった。

が、講座の第三頁で予定がガラリと変わった。

「どうだね、この辺りにおもしろいお祭りはないかね」

と、どこへ行っても使うセリフを口にしたのが当たって

「ありますよ。今日やってるとこがありますが、旦那なんかには一寸《ちょっと》失礼ですねえ」

「どうして失礼なんだ」

「まあ、お一人だからいいけど、奥さんがご一緒だったら、とても申し上げられないですよ」

そうなるといよいよ聴きたい。

「どんなお祭りだよ。言い給えよ」

一寸沈黙したあと
「チンポコ振りまわして、村中をあるきまわるんですよ」

大体の想像はついていたが、表現が荒っぽいので、一寸度《ど》胆《ぎも》を抜かれた。

「と言うと、若い衆がまっ裸で」

「ちがいます、ちがいます。作り物のチンポコを腰に着けて、ピョコピョコ動かしてまわるんです。テンテコ祭りと言ってね」

「テンテコ祭り」

「太鼓に合わせてあるくんですが、それが、テンテコ、テンテコと鳴るんで」

「おもしろいね。行ってみよう、そこへ」

「時間が間に合いますかなあ」

「いいよ、すんでたって。その村が見られれば」

「行ってみますか。従兄が住んでるんで、いっぺん招かれて行ったことがあるんです」

思い切りよく海を見すてて、直角にハンドルを切り、広い野の道へ駆り出た。

冬霞が三州の沃野《よくや》に垂れこめ、蜃気楼でも出そうな暖かさである。素朴な村の青年がリンガを振りまわしてあるくにふさわしい日和だ。おなじ空の下でゲバ棒を振りまわして吠えている青年の居ることが信じられないようである。

深切な運転手がひたすら道を急いでくれた甲斐あって、祭りの場に着いた時は、ちょうどこれから神事に移るというタイムリーな時刻だった。

「よかった、よかった。ありがとう。じゃ、君は親類の家へ年賀に行って来給え」

言いすててわたしは畑の中の道をお宮に急いだ。

わずかな樹木に囲まれた素朴なお宮が田の中にあった。正八幡宮と染めた幟《のぼり》がドロンと垂れ、鳥居の手前に、愛知県無形文化財、テンテコ祭りと墨書した表示が出ている。その隣に土産物屋が一軒店を出している、と見たのはあやまりで、年若い高校女生徒の奉仕店だった。が、その並べてある物を見てギョッとした。中身は干菓子か生姜糖と思われる紙函《かみばこ》の蓋いっぱいに、巨大なリンガが色刷りになっており、天下の奇祭テンテコ祭りと白文字が抜かれている。

往還とお宮の境内をつなぐ畦道《あぜみち》が参道になっていて、そこに行列を待つ人達が二十人ばかり日《ひ》向《なた》ボッコをしている。皆土地の人のようだ。カメラマンが殺到するほど、まだ世に知られていないのだろう。わたしも古老のそばに足を投げ出して、日向ボッコの仲間入りをした。

「ここはなんという所なんですか」

「西尾市熱《に》池《いけ》町っていうだけんど、この通り、見渡す限りの田圃《たんぼ》だあ。はは」

奉仕店で買った熱池八幡社御田植神事由来という小冊子を見ると、このお宮の由緒は相当古く

今ヲ去ル千九十年前　清和天皇貞観元年　大嘗会ノ際　悠紀田ニ指定アリ　社殿ヲ造営シテ八幡大菩薩大明神ト敬称シ奉ッタ

とある。テンテコ祭りの創《はじ》まりは記されていない。古老に訊いても

「さあ、いつ頃からだかねえ。とにかくわしの生まれた時にはもうあっただから」

と、呟くばかりである。

「来た、来た」

日向ボッコの連中が立ち上がった。

行列が社守りの家から出て来た。村まわりの疲れを休めていたのだろう。

三宝を捧げた先駆のあとに神官が三人。つづいて氏子総代らしい紋付姿が五、六人。その次に赤ずくめの青年が六人、頭を赤布で巻き、顔の下半も赤布で巻き、着流しの着物も帯も同色の赤といういでたちでつづく。

一番目の赤い衆は肩に太鼓をのせている。それを細い竹の先で低く鳴らす。

　テテンテン　テンテンテンテコ

なるほど、これでテンテコ祭り。

二番目の赤い衆は飯櫃《めしびつ》を肩にのせている。

三番目は長い笹竹を担いで、背に酒樽を提げている。

由来記を見ると

　古クハ田植ノ時ニノミ昼飯ヲ食ベタ　コレヲ持ッテユクノハ女ノ仕事デ　コレヲヒルマ持チ

　ト云フ

とある。赤衣の男装についてはこんな文句があった。

　昔ノ田植ハ神聖ナ行事デアッタ　顔ヲ隠シテイルノハ田ノ行事ノ特徴デアル

早乙女ハ勿論　囃シニ来ル人モ顔ヲ隠スモノデアル
田植ノ時ニ太鼓ヲ担イデ来ルノハ　神ニ仮装シタ人ガ出テ来テ田ヲ囃スノデアル
赤イ着物ヲ着テイルノハ　田植ガ神聖視サレタ時代ノ姿ヲ表シテイルモノデアル

初学者にはもう一つ解らぬ点があるので、古老に訊《ただ》してみたが、古老もそういうことはわからぬらしく

「昔から男のタカラモノを祭ると、稲の出来が良うなるちゅう言い伝えがあるでな」

と、話をリンガに持って行った。リンガについては、由来記の中に

男子ノ茎形ヲ古キ読ミ方ニテオハゼカタト読ム　上古ハ最モ神聖ナルモノトシテ多ク神事ニ用ヒラレタ

とあるだけであった。

そのオハゼカタをブラ下げているのは前の三人だけで、あとの三人は無腰で、手に草箒を持っているだけだ。

テテンテン　テンテンテンテンテコ

太鼓の音に合わせて三体のオハゼカタは、生きているごとくに跳躍しつつ、高校女生徒の眼前

を過ぎ、わたしの鼻先を通り過ぎる。

「棒の方は大根で、二つの玉は蕪《かぶら》じゃ」

古老が教えてくれる。白くて、神々しくて、ベッタラ市の最高品みたいなオハゼカタである。

行列は鳥居を潜った社庭で整列し、神官のお祓いを受けると、正面の社殿に昇った。わずか十畳敷位の一間で、奥に簡素な神殿がある。

そこで厳かに祝詞《のりと》が読まれ、神酒が一同に下げられる。

その間に六人の赤青年はまた社庭に降りた。

箒を持った三人が社庭の中央にコンモリと盛り上げてあった藁灰《わらばい》の前に突っ立ち、オハゼカタを持つ三人は鳥居の周りを左まわりに、踊りつつまわる。テンテンテンテンテコの音に合わせてオハゼカタを跳躍させることは先刻の通りである。

「三べん半、左まわりにまわるのが仕来たりなんじゃ」

その通り三赤人はそれぞれ三度半ずつ鳥居をまわって、また社殿に戻った。

途端にいままで空閑をかこつかに見えた三人の箒役が、俄然活動をはじめて、箒で藁灰を、気ちがいのように四方へ蒔き散らした。

これは叶わないと思わず後退したわたしとは逆に、人垣を作っていた見物人が、ワッとばかり灰神楽《はいかぐら》へ突入した。

「灰をこすりつけると、病が癒《いえ》る呪禁《まじない》になるんじゃ」

そう言えば、眼を細めながら手ン手に灰を摑《つか》んで身体にすりつけている。腰につけているのもあれば、足につけているのもある。子供の頭につけているのは、近づいた入学試験のためだろうか。皆、その呪禁を待っていたのだった。オハゼカタを待っていたのではなかったのだ。

社殿ではまた祝詞がはじまっていた。六人の赤い衆も覆面を外し、小道具を脇に置いて、神前に低頭している。オハゼカタはどうなったろうと眼で探すと、いつか神前の注連縄《しめなわ》にブラ下げられていた。あの始末はどうつけるのだろうと、詰まらないことが気になり、老人を振り返ったがもうそばには居らず、人の散ったあとの灰場に踞《かが》んで、しきりと灰を膝にこすりつけている。

由来記を覗くと、その答えが出ていた。

熱池ハ世々斎田ノ在リシ跡ナルガ故ニ落雷セズト伝フ

神事ニ用イタルオハゼカタヲ保存スル家ニハ落雷ナシ　之レヲ食スレバ夏病ミセズ　オコリヲモ癒ス

社殿ではまだ神事がつづくらしく、赤い衆の一人が扇をひらいて、ゆるやかに舞いはじめた。つづいて他の一人。また一人。なにか口吟《くちずさ》みながら舞っている。由来記を覗くと、それは

「千秋万歳、千秋万歳、千秋万歳」

と三唱しているのだった。そしてそれは箒役の赤い衆達であり、それぞれ二十五歳の厄除けのための神事であったことをあとで神官から聴いた。

舞が終わると、大太鼓が鳴りひびき、氏子総代達の田植歌がはじまった。ただし、ハミングのような低声で全然文句がわからない。由来記にある歌の文句を覗くと、注釈文が眼にはいった。

コノ歌ハ特ニ他人ニ知ラレザルヨウ　声ヲ低クコモラセテウタフ

なるほど聞き取れないわけである。また曰く

コノ歌一度終ル毎ニ　群集ノ参拝者鳥居前ニアル門松ノ葉ヲ取リテ　拝殿ニ投ゲ込ム　之レ早苗打チニ擬シタルモノナリト伝フ

しかし、そのような人影は社庭には見えず、女子生徒も店を片付けて去り、参道にはただ二人の人物が突っ立っているだけとなった。一人は運転手、いま一人はその従兄であろう。

社殿の田植歌はえんえんとつづいている。

こうぞよこうぞよ
ことしのかどまつはたかいのう
たかいもどうりこそ
としのかずがまいてきたと
さほい
ついでにもう一つ写して置こう。
ていじていじていじろう
たをうえてくろめて
はふいてほにいでて
ほのうえにふくらすずめが
ふっくりとしょんぼりと
さほい

南信濃新野の夜田楽

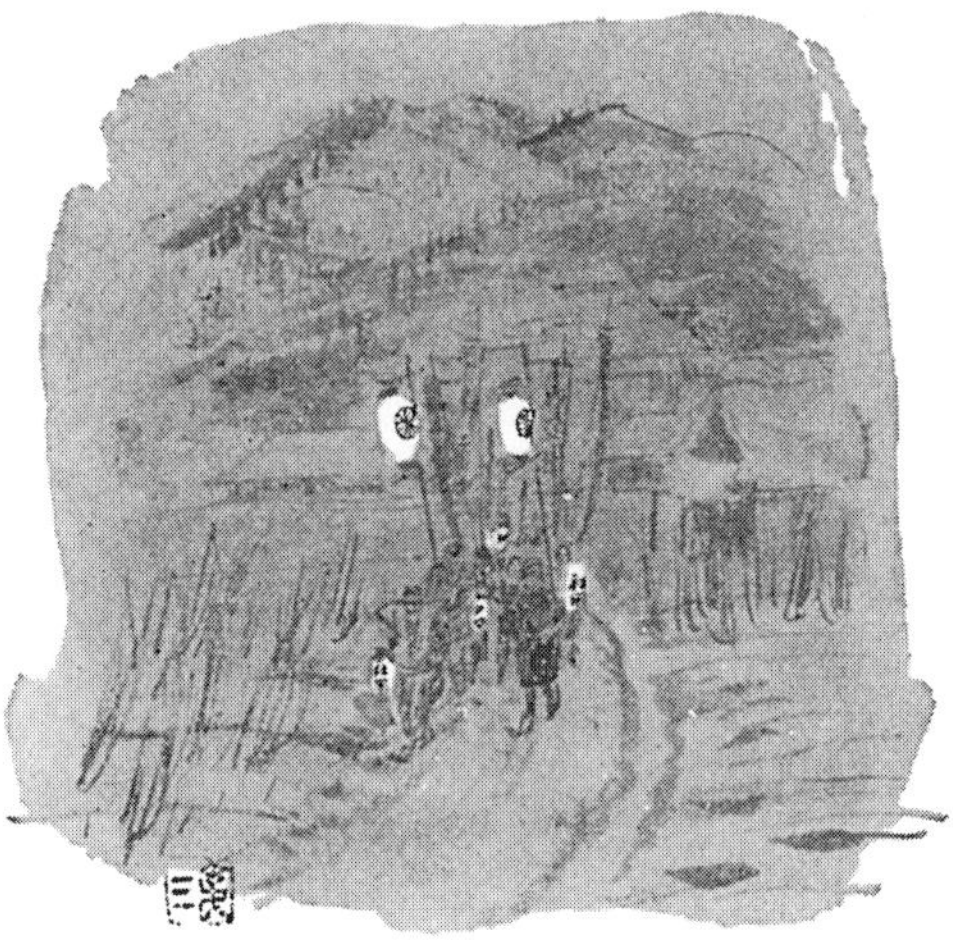

新野《にいの》の雪祭りをやっと見ることができた。

一昨年は宿がなくて行けず、去年は宿は取れたが豪雪のため乗り物が行かず、空しく引き返した。

「雪がないとできないお祭りへ、雪のために行けないなんて皮肉だね」

などとボヤキながら。

雪を豊年の兆《きざし》として神前に供えなくてはならないので、雪のない年には雪の深い山地まで雪をとりに行く。神事中にその雪を四方の神々へ投げ供える。行列にも雪を投げる。そんな所から折口信夫博士によって雪祭りよという名称がつけられた。文化映画にも撮られ、その行事は祭り研究者の眼に一躍クローズアップされた。

小正月《こしょうがつ》の前日、一月十四日の昼下がり、わたし達は飯田線温田《ぬくた》の駅に降り立った。二、三日前降ったらしい雪が路傍に掻き集められ、自動車の運行には支障がなかったが、空は暗鬱な雪雲に覆われ、いまにもチラつきはじめそうな表情だった。

「まあしょうがない。雪で帰れなくなったら、土地の年寄を訪問して民話を聴くことにしよう」

そんなことを言いながら、役場からまわしてもらった自動車に乗った。

新野というところは長野県のいっとう南の端で、峠一つで奥三河に隣接している。そんな山の中だから、古来都の文化に遠く、汽車が来るまでは純粋な山村生活がつづいていた。その余恵として、古代の田楽芸能がそのままの姿で伝承されて来たのであろう。

温田から自動車で一時間の山道を、積雪のため約倍近くかかって新野に着いた。四方に雪山をめぐらせた物寂しい集落だった。

町にはいる手前の左手に神幟の立つ小丘が見えた。

「あれが祭り行列の出発する諏訪神社です。ちょうどいま行列が出る刻限ですね」

時計を見ながら役場の平井さんが言われた。

「行ってみたいね」

「出発風景を見せてください」

雪田の中の細い道を鳥居の前まで登ってもらった。

さいわいと行列が出る前だったので、わたし達は行列の神輿《みこし》に納まろうとしている神面を見せてもらうことができた。翁《おきな》、媼《おうな》、鬼、そのほか名の知れぬ大小二十余のお面は、いずれも今夜の神事に用いられるものだった。

「祭りの前の日に面調べの行事がありまして、当役《とうやく》の者が胡粉《ごふん》や丹《に》で新しく彩色するのが定めとなっております」

「四十年ほど前、お宮が焼けて全部のお面が灰になっちまったで、村人が寄り集まって、新しく彫ったです」

古老達の言葉にわたし達は「へえ」と感歎の声を上げた。それにしてはなんと見事なお面であろう。

お面が神輿に納められると、太鼓の音が夕空高く鳴りひびき、行列は神官と諸役を先頭に、笛、太鼓、ビンザサラの奏音にのって、粛々と山を降った。神官も雪ぐつ。諸役もゴム長。中には孫のスキー帽を借用している古老もある。

「昔はこの土地の開発者だった伊東家の屋敷から出発したのだそうですが、いまは絶えているのでここが出発点になっています。つまりこの土地に棲む精霊が、豪族やお宮へ新しい年の祝いを寿ほいでまわる行列だと、学者の先生がおっしゃっとられたです」

行列は田の中の道を一キロほど練って町にはいり、往還に沿った細長い町を縦断して、向こうの外れにある伊豆神社に登ってゆくことになっている。

「一緒に行ってみようよ」

さいわい雪固めがしてあるので、わたし達は平井さんに先へ宿に行ってもらい、古老に話を聴きながら、行列とともにあるいた。

町には出迎えの人達が列をなしていた、雪を集めて行列に投げ込む人がある。

「大雪でございます」

と、声がかかる。

「これだね」

わたし達はたのしく微笑み合った。

伊豆神社は小高い山の上に在った。古老達は疲れも見せずどんどんと登って行かれるが、わたし達はともすれば凍り雪に足を滑らせ、いくたびとなく雪泥に手をついた。

息ぬきのため立ち止まると、五百戸余りの町家にはいつか灯がともり、いま出て来た諏訪神社の丘べはもう蒼茫《そうぼう》たる暮色につつまれている。冷たい風音がお宮の杜《もり》の梢《こずえ》にきこえた。

三匹の鬼面が鳥居の下で行列を出迎えていた。諸役は神輿を守って、境内の左隅にある庁屋《ちょうや》にはいった。

また雪が投げられた。

「大雪でございます」

境内右手の崖上に神楽殿があって、少年達がビンザサラを鳴らして舞っている。

「輪舞と申しまして、お祭りのプロローグとも申すべきものです」

宿からわたし達を迎えに来てくださった平井さんが説明された。

「このあとに万歳楽、神降ろし、順の舞とつづきまして、それから舞があの神殿の方へ移ります。それが大体八時頃になりましょうか」

平井さんの口振りには、食事をなさるならこの序曲舞の間にというニュアンスが感じとれた。

わたし達は急激に暗くなった参道を降りて、町の中程に在る今夜の宿へ案内された。地之神旅館という家だった。

「いい名前だね」

「雪祭りの宿にふさわしいわ」

古光りのした階段を昇ると、二階の座敷に大炬燵《こたつ》が待っていた。

山菜の大鍋を囲んで徹夜見学の腹拵えをしていると、廊下に出た一人が

「おう、雪だぞ」

と、うれしそうに叫んだ。

「こう来なくちゃね」

「これでこそ雪祭りだわ」

子供のように見に出ると、まっ暗な庭の空から、なるほど粉雪が舞い落ちている。伊豆神社の山から早く来いと言わんばかりの太鼓が遠くハッキリと聞こえだした。

「さあ、出かけますか」

平井さんの声に応じて、わたし達は勇躍、雪の中を山に引き返した。

祭り見物の村人が山の方に向かってどんどんあるいてゆく。皆、潮時を知っているのだろう。頭《ず》巾《きん》を深く被り、綿入れのチャンチャンコに身を固めた年寄も見える。

お宮にも見物人の数が増えていた。神楽殿の舞が終わり、本殿の舞がはじまろうとする休憩時で、神楽殿脇のおでんやと甘酒屋が繁昌していた。もう一軒オモチャ屋が出ているが、これは降る雪のためビニールを商品の上にかけて空を仰いでいる。

「いまガランさまの神降ろし行事をすませて、皆が山を降りて来たところです」

ガランさまというのは地主神の天狗さまで、裏山にその祠がある。田楽がはじまる前に、舞を奉納しに登ることが祭例になっているそうだ。

「山を騒がせる挨拶というところでしょうかな。終わるなり山道を駈け降りて来るのです。あとを振り向くこともいけないんです」

「どういうわけですか」

「さあ、一寸《ちょっと》……」

神前で神官が中啓の舞をはじめた。わたし達は優遇されて最前列に席を貰ったが、中啓の舞につづく万歳楽、その次のご参宮と、一つ一つの舞はおもしろいのだが、どの舞も相当長い。宿の炬燵で防寒用に入れて来た酒が、目的をたがえて睡気を呼び込もうとする。それを叱りながら、最前列に坐らされた光栄をわたしはうらんだ。

神降ろし。順の舞。やっとのことで本殿の舞が終わったのは、もう夜半近い時刻だった。

いよいよ夜田楽である。舞の場は社殿前の広場に移されることになり、わたし達は痺《しび》れた足をよろめかせて社殿を降りた。

大杉の梢からしんしんと雪片が舞い落ち、凍てついた土の上はもう一センチの上積もっている。

庁屋の脇に臥《ね》かされてあった大きな松明《たいまつ》が、大勢の手で立てられた。高さは五間あまり、三抱えはゆうにあろう凄い松明だ。その工作の時間を盗んで、おでん屋に首を突っ込み、火傷するような大根と蒟蒻《こんにゃく》をお腹に入れた。ついで熱燗《あつかん》の地酒で防寒の備えをした。

ドーン　ドーン　ドーン

山に谺《こだま》する大太鼓の音に、いそいでわたし達は田楽場に帰った。

裃《かみしも》姿の人が四人雪の上に現われた。なにか大声で叫びながら、雪を摑《つか》んで虚空《こくう》に投げる。雪だ。

「ゴサンゴウ、ゴサンゴウと言ってるのです。ご参宮の神事と言いまして、氏子の代表者がお宮をとり囲んだ小さな祠の神々へ雪をお供えしているのです」

「大雪でございます」

と、叫んでいる人もある。

突然、雨戸を割れんばかりに叩きつける音が境内に起こった。

ダンダンダンダン

隅の庁屋の戸を、外から村人達が叫びながら撲《なぐ》りつけているのだ。

「ランジョウ、ランジョウと言ってるのです。乱声と言って、早く田楽をはじめろという催促なのです。昔から伝わる仕来たりだそうです」

　ダンダンダンダン

一杯機嫌の村人達がいつまでも叩いている。

「昔は二時間くらい叩いていたそうですよ」

よい時代であった。

「あっ、お船だ」

大松明の頭から庁屋の方へ斜めに綱がわたされてある。その綱に松明を舳《へ》先《さき》につけた小さな舟がくくられて、スルスルと昇ってゆく。

「宝舟と言って、恵比寿さまと大黒さまの人形が乗っておられるのです」

舟が目的点にとどくと、小松明の火が大松明に燃え移った。

「うまい。今年は豊作じゃ」

そばの年寄が呟いている。

大松明はバリバリと音立てて夜空に燃え立った。雪の上が昼のように明るみ、わあっと歓声を上げた群集の表情がハッキリと浮き上がった。

「これが夜田楽の照明を兼ねます。いよいよ田楽舞のはじまりです」

と、言われて時計を見ると、いつか一時をまわっている。昔ならば丑《うし》の刻《こく》に近い時刻だ。

松明の燃えを神も嘉《よみ》し給うものか、銀箭《ぎんせん》のような雪片が一段と強く炎の上に降りそそいで来た。

大半の見物は社殿に逃げ昇り、ハミ出した者は被りものの庇《ひさし》を深めて田楽の場を凝視している。

花模様の衣裳に陣羽《じんば》織《おり》を着込んだ一本角の面男が、四角な団扇と杉枝を手にして踊り出た。毎年の人気役らしく、わあっと歓声がわき起こった。

「サイホウと言って、田の実りを豊かにする神と言われています」

「どういう系列の神様なのですか」

「それは一寸……」

つづいてあとから、ビンザサラをアコーディオンのように手にした男がとび出した。

「大雪でございます。大雪でございます」

と連呼しながら、面男とともにお道化《どけ》た振りをして見せる。

「あの踊る足取りが舞楽の様式だということですね」

次がモドキ。やはり怪奇の面を被り、おなじような扮装である。

「人類繁殖の神と言われています。手にしているのはリンガです」

これが巫山戯《ふざけ》た神で、踊りながら女の見物めがけて木片を突き入れる。わあわあという笑声に乗って、ますます巫山戯まわる。ビンザサラがついてまわる。見物人の睡気を醒まそうとする演出かもしれない。

一人の女がとび出した。真剣な顔でその木片を臍下の辺りに触れさせている。

「子供が欲しい人なんです」

次は競馬。

「オキョウマサマと言って重要な神事で、この役を貰うことは、村民として一代の誇りなのです」

張子の馬の背中をくり抜いて人間が胸から上を出している。立烏帽子《たてえぼし》をつけ、弓を手にし、神殿を背後に、鳥居の方に向かってヒョウと矢を射た。群集はシンとしている。

「次はお牛サマです。これも重要な神事で、神官が勤めます」

重要物ばかりで防寒薬を補給に行く間がない。

衣冠束帯の神官が牛の作り物を肩から掛けて、蕭然《しょうぜん》と現われた。やはり弓矢を持っているが、馬と異なるのは、反対に、矢を神殿の屋根に向かって射たことだ。次の矢は鳥居の方へ。その次は燃えさかる大松明の梢へ。その都度なにか口の裡《うち》で唱える。

「近江の琵琶湖、近江の琵琶湖と言ってるのです。いま射た矢の影が、同時に滋賀県の湖水の上に写っているというのです。理由はわかりませんが」

先を越された。

次いで翁の舞が三番ある。

「翁、松影、しょうじっきりと三番つづきますが、この翁芸が芸能史の研究者にとっては、非常に重要な舞だそうで、能楽の発展過程がこの三つの舞でハッキリ示されていると言っている学者さんもありました。翁、千歳、三番《さんば》叟《そう》と三役になったのは後代だそうですね」

が、大部分の見物人はやり切れない顔をしている。いまがいっとう睡い時刻である。ひょっとすると休眠を与える演出かな。

雪は小止みになり、空が素顔を見せはじめたが、どうやら山の向こうには暁の色がうごきはじめているような気配である。

爺さんと息子がとび出して来た。

「海道下りと言って、猿楽風の狂言の味がたいへん濃いものだと言われています」

そう言えば喜劇的な動作の舞である。次の神婆《かんば》になるといよいよその味が濃くなった。爺面と婆面の二人が、巫山戯合いながら神前に出て、蓆《むしろ》の上に抱き合ってよこたわる。娘が出て、鈴を鳴らして周りを踊りまわるが、起き上がろうともしない。翁三番で仮眠した見物がまた歓声を上げはじめた。うまい構成だ。

「人間の交情を見せつけて、稲の実りを刺激しようという、田遊びの一つですね」

山がうっすらとスカイラインを浮き出しはじめた。松明の火の弱りと交代に空の裾はぐんぐんと明るんでゆく。

二人、三人と帰って行く人のあるのは、明日の、いや今日の勤務を思い出した人だろうか。神事はそんなことにはかかわらず、次々とつづけられる。

三匹の鬼がとび出て来た。これがまた見物をよろこばせる。

「テンゴウさまと言います。赤いのが太郎鬼、青いのが二郎鬼、黒が三郎鬼と呼ばれています」

二匹が大マサカリ。一匹が大槌。奥山に棲む鬼が田楽を祝福に来た心で剽軽《ひようきん》な踊りを見せる。が、神官に咎《とが》められ、問答に負け、引き上げてゆく。その愛すべき姿を見送って、見物が

「鬼さま負けてお帰りだ。鬼さま負けてお帰りだ」
と、手を打って囃し立てる。なんともうれしいひとときだ。

「ここで山の上から朝日がサッと射して鬼の口に当たると、今年は豊年ということになるのですが」

生憎《あいにく》今年の空は太陽を隠したままどんよりと明けひろがっている。急に睡気が襲って来た。全身が凍結してしまっている。宿に待つ炬燵が恋しい。おなじ思いか、鬼狂言がすむとともに、見物はどんどん山を降りてゆく。

しかし、まだ神事は終わらないのである。八幡舞、しずめ、鍛冶屋狂言、田遊び唄と、全部の舞が終わる頃には、もう役場でも機場《はたば》でも、今日の勤務がはじめられていることであろう。

「元気を出して終わりまで見て行こうよ」

「そうですよ。いま落伍しては神様に申し訳ないわ」

わたし達は互いに鼓舞し合って、八幡神の出場に拍手を送った。

明るい空からまた雪が降りだして来た。

以上の文章を書くために、もう一度なつかしく行事のさまを反芻《はんすう》してみたのだが、その夜一つ見落として来たのは、雪がどういう形で神前に供えられてあったかということだった。祭儀のもっとも大切なことを文中に省略することはできないので、諏訪神社の後藤宮司へ問い合わせの手紙を書いた。そして折り返し懇篤《こんとく》な回答をいただいたのであるが、それには困ったことが書かれてあった。

当社では雪を供える風習はない。大正以来この地に住むが、雪を他地へ採りに行った事実は一度もない。過去の記録にも載っていない。おもうにそれは折口先生がこの地に来駕《らいが》された時、側近の誰かが出鱈目《でたらめ》の報告を申し上げ、先生はそれを真に受けられて、雪祭りという名称を紹介文の中に用いられることになったのであろう。当社の神事は古来田楽祭りまたは森のお祭りと呼ばれ、土地の旧家の古文書にもそう書かれてある。それはともかくとして、当社の神事がなんら雪に関係がないことは知っていただきたい。

以上のようなことがしたためられ、文意には雪祭りの名によってこの神事が宣伝されることを好まれぬ心が強く読み取れた。で、とりあえず題名を新野の夜田楽とした。

大和五条の鬼走り

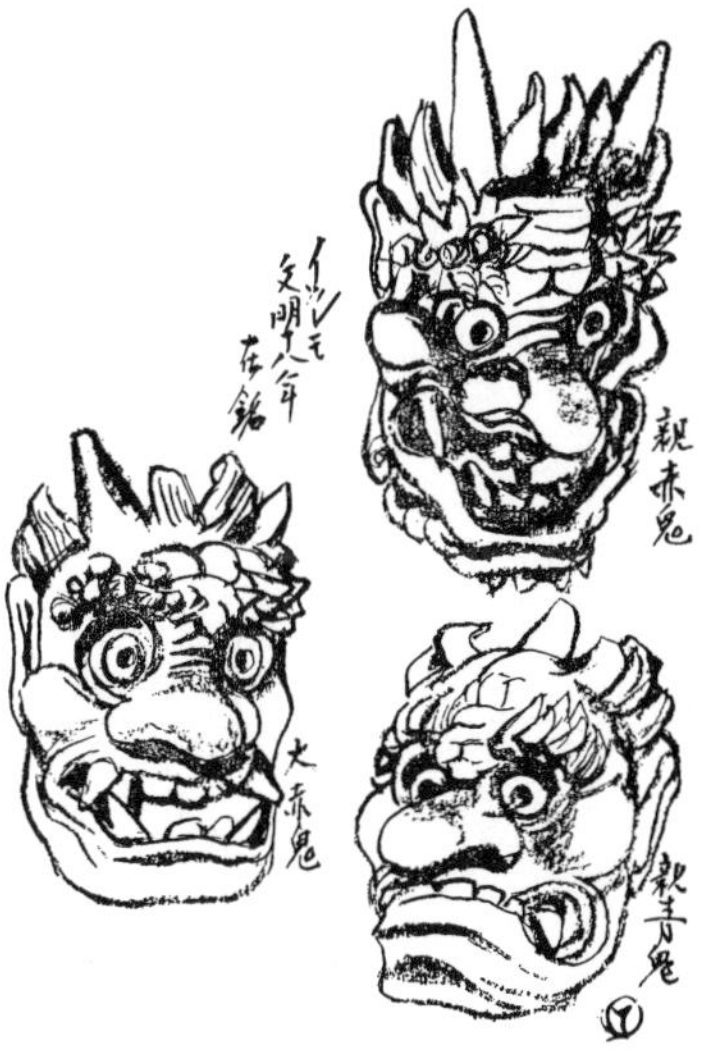

ふるさとの大阪の街には、もう幼い日のゆめをよみ返らせてくれるものはなんにもない。心の寂しい日は、一人で天王寺の通天閣に上り、はるかな山波に眼を遊ばせることにしている。中でも南方遠く金剛葛城《こんごうかつらぎ》の夫婦山脈をながめるのが好きで、淡路島に日の落ちる頃は、その残光に映える遠山の姿を、時をわすれてながめ入っている。

金剛山の向こう側の麓に五条という町がある。天誅組《てんちゅうぐみ》の勤王志士達が屯《たむろ》して、やがて十津川《とつがわ》の山深く屍《しかばね》を埋めることになった拠点の町だが、わたしには三勝半七の芝居の中の半七が生まれた町という方に旅情が惹かれた。

そこはもう大和の国の南の果てで、町の外を流れる吉野川の向こうはもう紀伊の国である。冬が長くて、凍《し》みがきつくて、一冬中金剛おろしに吹き曝《さら》される物寂しい宿場町。そういう知識をずっと以前から持ち、思慕に似た心を募らせながら、季節を選り好みするため、つい訪れる機会を今日まで持たなかった。

その五条の町に今夜鬼走りという行事が行なわれるという小活字を新聞で見たとたん、わたしの慕情は痴女のように燃え上がり、どんな義理を欠いてでも出かけずにはいられなくなってしまった。鬼走りは別名をダダ押しといって、小正月の十四日の深夜、町をはなれた念仏寺の陀々堂で行なわれるという。ちょうどわたしが望んでいた最適の季節である。

それが目的で東京から出かけて来たホテルの祝賀パーティーに悠然と姿を現わし、主賓にゆっくりと祝辞を述べると、そのままホテルの裏階段を脱兎《だっと》のごとく駈け下りて、裏口に待たせてあった自動車に飛び乗った。

夕暮れ前に湊町を出るダラ汽車は、通勤者が一杯で、坐る場所もなかったが、通天閣が見えなくなり、八尾を過ぎた頃からガラッと減り、信貴山《しぎさん》下の王寺で関西線と岐れると、数えるような数になってしまった。

南に方向を変えた汽車の窓に、これもわたしの好きな二上山《ふたかみやま》が、濃青のシルエットを近づけている。やがて、その南に葛城山が見えだした。三頂近い斜面に、ペッタリとペンキを刷いたような残雪が寒く浮いている。

空がぐんぐんと暗くなり、金剛山が窓に迫まる頃には、その頂線もさだかに見わけがたいほど暮れ切ってしまった。

五条の町には期待通りの凍夜が待っていてくれた。突き刺すような冷気に鼻が痛み、思わず靴が滑りそうになったのは、もう水溜りが凍っているためであろう。

ダダ押しがはじまる時刻にはまだ二時間ほどあり、念仏寺は吉野川をわたった向こうの山ふところに在ると教えられたので、赤根屋半七が思いみだれてあるいたであろう裏町筋を、漂泊者のごとく黙々とあるいて行くことにした。

なるほど物静かな、落ち着いた宿場町である。古くから吉野川筋の舟着場として栄えた名残りを示すような白壁塗り込めの家がどの町筋にも残っている。殆んど全町の家が本瓦葺きの屋根を持ち、旧家らしい大屋根には、古風な煙出しが乗っかっている。街灯の少ない町筋は足元も危いくらい暗く、庇《ひさし》の浅い民家続きの中には、行灯《あんどん》みたいな店灯を出した昔風な旅籠《はたご》屋が眼についた。わたしはそこで今夜泊まることにしようと思った。

地図も持たず、案内者も伴わず、どこが代官屋敷なのか、半七の生家なのか、なんにもわからずにただ飄々《ひようひよう》とさまよっているだけなのだが、わたしの心はそれで満足した。五条の町は聞きしにまさる美しい町であった。それは、この凍てついた厳冬の夜のゆえに、さらに美しいのであろう。

一軒のうどん屋が町角に灯をつけていた。その古色に惹かれて、わたしは土間にはいり、鍋やきうどんを注文した。カヤクを盛るのに手間取るらしく、おかみがせっせと手を動かしながら、お愛想を口にする。

「どっちゃからおいでやした」

「東京から」

「なにしにおいでやした」

「念仏寺のダダ押しを見に来たんだ」

「ああ、ダダ押し。いまでもまだやってますのん」

「土地の人がそれを知らないの」

「へえ。娘の時分にいっぺん行った切りでな」

そう言ってから、仕切り越しにジロリと顔を観察して

「へえ、あんなもんをわざわざ東京から」

と、軽蔑したように呟き

「お祭りなら秋の八幡さんの方が賑やかやけどな。スズキ提灯を点ぼして、ぶんだい節の屋台が出たりしてな」

若い日を想い浮かべるような眼をして見せた。

寒念仏の行列が近くの往来を通っているようだ。近づいて来たら見に出ようと思ったが、だんだんと遠くなってゆく。

うどんはなかなか出来上がらない。

「この店も相当古いようだね」

「五条ちゅうとこは昔からいっぺんも火事がなかったさかい、みんな潰れそうな家ばかりだすわ。空襲もなかったし」

「じゃ、三勝半七の半七つぁんの生まれた家なんかも、残っているの」

「残ってます。前の新聞屋はんがそうですわ」

「ええっ」

思わずわたしは声を上げた。モノは言ってみるものである。

反射的にわたしは店をとび出した。なるほど、筋向かいの角の家に新聞配達店の看板が出ている。しかも、前面も側面も白い壁塗りで、いっこうに新聞屋らしく見えず、家屋はその昔のままを止どめているようである。

小さな石の標《しるべ》が立っている。燐寸《マッチ》を擦って見ると、赤根屋半七宅址と読めた。

「ここが新町だったのか……」

あらためてわたしは四辺を見まわした。先刻は気がつかなかった川の音が耳にはいった。なるほど、すぐ前が吉野川だ。裏庭で染めた木綿を半七はこの磧《かわら》に運び、川水で洗い、且つ晒《さら》したのだろう。家と家との間の細い路を、手探りで磧に降りてみた。川瀬の音が夜の底から高くわき上がっている。ひろい川幅だ。昼は川上に吉野の山が見えるのだろう。時折り仕事する手を休めて、半七は大阪の方へ動く雲をながめ、三勝の上を想ったことだろう。

「お客さアん。……お客さアん」

おかみが大声で呼んでいる。われに返って道に上がった。

「どこぃ行てなはったんや」

「半七つぁんの仕事場を見に行って来たんだ」

「赤根屋はんの古い話やったら、二、三軒先の吉川はんちゅう家でよう知ってはりますわ。そこも昔は遊女屋をやってはったんだす」

鍋やきの蓋をとり、あたたかい湯気を吸いながら、わたしは久しくあたためている艶容女舞衣《はですがたおんなまいぎぬ》のパロディーが近い内書き出せそうな気がし、鬼走りに感謝した。

鍋やきにあたたまって町を出た。

吉野川に架かった長い橋をわたり、紀州街道を半キロばかり行った往還を左に折れると、道は弛《ゆる》い傾斜を持って山地の方に登ってゆく。振り返ると暗い町の向こうに、夜目にも黒く金剛山が厳然と聳《そび》えている。空いっぱいの冷たい星空である。

大津という集落の外れに、念仏寺と記した古提灯が二つ、野の道に点《とも》っていた。それが入口の標らしく、参詣の人達が三々伍々、寒そうに背をかがめてあるいてゆく。

念仏寺はすぐ近くだった。杉林と竹藪に囲まれ、境内二ヶ所にあかあかと供養の焚火が燃されている。その火の明かりで、四間四方位の萱葺《かやぶ》きのお堂が高く浮き出していた。寂びのついたいい形のお堂だ。

僧が一人読経をし、古老らしいのが四人ばかり侍坐《じざ》しているだけで、あとの村民達は皆焚火をとり囲み、たった一軒だけ出ているタコやきを頬張ったりしながら、読経の終わるのを待っている。

一拝したあと、焚火の仲間入りをして、土地の人から話を聴くことにする。さいわい小学校の先生らしい人が見つかった。

「このお堂が陀々堂ですか」

「そうです。無住寺でしてね、正月のダダ押しと九月の読経会と、二度だけしか使わないんです」

「相当古いお祭りのようですね」

「いまに鬼役が面を被って出ますが、その面の銘に文明十八年という字が読まれるんで、応仁の乱の頃に創ったのではないかと言われています」

応仁の戦火で中央政権が衰亡し、地方豪族が勢力を持った時代であろうか。

「土地の豪族だった坂合部氏の菩提寺だったらしいですね。坂合部家は代々この寺の別当職を勤めて来て、いまもまだ続いています。あの人がいまの当主です」

お堂の上の一人を指して、そう教えてくださった。お堂ではまだ悠々と読経がつづいている。

「いつまでやっとるだ。いい加減やめてくれよう」

という声が焚火の周りできこえた。寒さへの鬱憤も加わっているようだ。

「大般若経が以前は二時間もかかったんです。しかし、それが行事の主体だから仕方がありません。お経の功徳で鬼が追い出されるわけですから」

そう言って先生はわらいながら
「鬼を追う宗教行事は世界各地に在るそうで、日本の鬼やらいも中国から伝わったものと言いますね」

「陀々押しというのは」

「閻魔王の印であるダンダの印を、諸人の額に押して加持をするという所から出た名称だということですね」

冷たいものが頬を触れた。雪である。

「とうとう落ちて来やがったな」

「明日はまた雪掻きかの」

などという声がきこえる。

空にはいつか星が消え、粒の大きな雪がどんどん落ちてくる。こいつはいい、もっとひどくなってくれるといいとわたしは思った。

大峰山、高野山などという巨大な山岳にわけ入るこの村の往還は、雪の降るたび道が閉ざされるのであろう。

「この寒度の中で頭から水を浴びるんですから、鬼もラクじゃありませんよ。昔はその吉野川で水垢離《みずごり》をとったという話も聞いていますが」

六日前の一月八日から鬼役は別火にはいる。鬼役が三人、火《か》ッ手振り役が一人、助ッ人が三人、合計七人が鬼走りの執行者で、いずれも行法に先立って別火《べっか》潔斎《けっさい》を修する掟がいまも守られているという。

「でも、よく今日まで守りつづけられてましたねえ」

「たいへんなことだと思います。入費の大半は別当家から出ているんですから」

読経が終わったようだ。

「お待ち遠でした」

先生は微笑を湛えて見せながら

「でも、これで早くなったんですよ。以前は真夜中にはじまったんですから」

勤行《ごんぎょう》を了《お》えた本山の僧が立ち上がって、護摩の火を後堂の炉に移し、その火をまた手松明に移すと、堂の階段を降りて来た。

「別当の邸へ鬼を迎えにゆくのです」

僧の姿が消えるのを待ち兼ねた村民が、ドヤドヤと内陣に乱入した。同時に、タンタンタンタンと板を叩く音が深夜の霜気《そうき》を震わせた。

「なんですか、あれは」

「カタタタキがはじまったんです。お厨子《ずし》の裏の板を牛王杖《ごおうづえ》で叩いているんです。一年中肩が凝らない呪禁《まじない》というんで」

タンタンタンタン
タンタンタンタン
杖を奪い争って、気ちがいのように叩いている。

やがて音がハタと止んだ。

「鬼が本堂へ来たのです」

いつの間に群集の中を縫って本堂に登ったのか、境内の焚火が消され、タコやき屋も電球を消して、わたしの眼にはいらなかった。漆黒の闇の中で、群集の息がピタと止まっている。

「さあ、はじまりですよ」

耳のそばで先生の声がしたのと、本堂の奥にパッと炎が燃え上がったのが同時だった。厨子の後方から、大松明が炎々と燃えながら、仏面をつけた一人の手で担ぎ出された。

「火ッ手です。水という字を火で描いているのです」

なるほど、そう聞けばそうにも見える。堂の前縁にまで進み出て、ゆっくりと大きく火を振っている。凄まじい火勢だ。炎の穂先が草庇に燃えつきそうだ。

わあっという歓声とともに

「よう燃える。よう燃える」

「今年も豊作だぞう」

などという声があちこちに起こる。

「火の燃え具合でその年の出来作を占う習慣なのです」

内陣にまた一つ火が燃え上がった。助ッ人の手で大松明が燃され、奥から現われた鬼に手渡されたのだ。

つづいて一鬼。また一鬼。

おなじように大松明を手渡され、三鬼揃って三方の濡れ縁にとび出した。

「最初のが父鬼。次が母鬼。あとが子鬼です」

父は赤鬼。母は青鬼。子は茶色。三鬼とも形破りの大面をつけ、火勢がそれをさらに怪異な彫りにして見せる。

「立派なお面ですねえ」

「立派でしょう。室町時代の作と言われてるんですが、この面だけは他所にはない、日本一のお面だと思いますね。十五貫近くあるそうですよ」

火ッ手役とともに四つの大松明が大きく弧を描いて、吹雪のように火の粉を散乱させる。お堂が炎上しているようだ。助ッ人が笹の葉を樽の水に漬け、鼬《いたち》の如く飛び火を消しまわっている。

相呼応するように、外でも雪がつよくなり出した。

「豪壮ですねえ」

「豪壮でしょう。他国へ稼ぎに行ってる者も、これだけは見に帰ってくるんです」

鬼の狂いはいよいよ激しくなった。雪も激しくなった。

火勢が風を呼ぶのか、いままで森閑としていた杉林の梢にヒューッと風音がきこえた。

火の粉と牡丹雪が交じり合って、縦横無尽に火吹雪をまき散らす。なんという壮観。

風音はぐんぐん高まってくる。金剛山の山神が声援を送っているかも知れない。

松本平の三九郎焼き

久しぶりで浅間の湯へ立ち寄った。定宿にしている牡丹荘のおかみさんが
「そろそろおいでになる頃と思っておりました」

と、わらっている。冬になると姿を現わすからだ。しかも、いつも厳寒の時に。

「三階の端がいいな」

「あのお座敷はとてもお寒うございますから、二階の端にいたしましょう」

「いや、寒くても山が見える方がいいんだ」

「でも……」

「いいんだと言ったら。浅間の寒さをたのしみに来たんだから」

かならず一度応酬があってから、好きな座敷へ通される。じじつこの座敷は寒い。去年の冬に来た時、夕方廊下の椅子でのんだお茶の残りが、寝る時見たら凍っていた。

ゆっくりできる風呂場でゆっくりと湯をたのしんでから、座敷にもどると、どっしりとした炬《こ》燵《たつ》に火がはいって、浅間名物の湯豆腐鍋がデンとのっかっていた。まだ空は明るいのだが、朝のままなので、いそいでもらったのだ。

十年の上も前から来ているのでわが家のようである。この炬燵でいろんな芝居を書いたなあと、

分厚い置板を撫ぜてやりながら、味の濃い地酒をのんだ。地方に出たら土地の酒をのむことにしている。

泊まり客はないらしく森閑としている。隣の旅館で、灯ともし頃だというのに、まだ家人の洗濯ものを取り入れていない。そういう季節の浅間が好きで、冬ばかりやって来る。

「今年は雪はまだ」

「二、三度それらしいものが降りましたけれど」

「伊那谷の方は積もっていたよ」

「あちらの方があたたこうございますからね」

へんな会話だがスジは通っているのだ。浅間と言わず、松本平《だいら》一帯の凍《し》みのきつさは有名で、雪の積もる土地の方がずっと冬が越しやすいとみんな言う。

昨夜は三河と信濃の国境に在る山村で夜を徹してのお祭りがあったが、一晩中雪が降りつづけ、朝、駅へ行く自動車が危いくらいの積雪になってしまった。一睡もしない眼で朦朧と車窓を見ながら辰野まで来たが、飯田も、駒ヶ根も、伊那《いな》も、高遠《たかとお》も、白一色に埋まっていた。それが善知《うと》鳥《う》峠を越えて、松本平にかかると嘘《うそ》のように雪が消えた。

辰野で乗り換えようとした中央線があんまり混んでいるので、タクシーにしたのだが、塩尻から広丘《ひろおか》のあたりにかかった時、あまりに視野が美しいので、自動車を停めさせて外に出たとたん、思わずブルルッと震え縮んだ。たしかに凍みの方が雪よりはきびしい。

北アルプスの方は雪雲に覆われ、いまなおさかんに降り積もっているようだったが、反対側の高ボッチ山、鉢伏山などの低山はうっすらと雪を粧《よそお》っているだけで、その背後に、美《うつくし》ヶ原《がはら》の山がまっ白く新雪を光らせている姿がじつに神々しい。

野も凍み、村も凍み、空の雲までも凍みついたようにうごかない。見わたすかぎり蕭条《しょうじょう》と枯れ果てた野の道を、一点、眼にしみるばかり真っ赤な色が近づいて来る。それは村人が抱いた大ダルマだった。

「牛《ご》伏寺《ふくじ》のダルマ市なんだね、今日は」

いつか詣ったことのある険しい山路をわたしは思い浮かべた。厄除観音と言って、近郷の信仰を集めている山のお寺だ。ちょうどその頃は山道が氷結して足元がひどく危い。でも、転ぶとご利益をなくすというので、善男善女は全神経を爪先に集中している。

「ダルマさんのお寺で、転んじゃいけないはヘンだね」

などわらいながら、二度と来ないであろう坂道をやっと降り切ってホッとした記憶がある。

松本の町にはいると、ダルマを抱いた人が眼立つ。霜枯れの城下町に花が咲いたようだ。

「城山の放光寺の帰りですよ」

それは丘の上の小さなお寺で、ダルマ店も少なく、素朴な感じがあってわたしは好きだった。

「入山辺の徳運寺でもやってますよ」

それはまだ知らない。今夜、三九郎焼きを見たあとで行ってみよう。いつかわたしは睡眠をわすれていた。

浅間の湯場の外を流れる女鳥羽《めとば》川の洲に、大きな左義長《さぎっちょ》が出来ていた。まわりで子供がワイワイ騒いでいる。

「今夜は方々で三九郎焼きがありますよ」

「どうして三九郎焼きと言うの」

「さあ、どういうわけかねえ。子供の時から、三九郎さん、三九郎さんって囃しているけどねえ」

それとおなじことをおかみさんにも訊いてみたが、やはり知らなかった。お椀を持って来た女中さんも知らなかった。

「役場に電話をかけて訊いてごらんよ」

「もう誰も居ないでしょう。いまにそこで焼きますから、その時年寄の人に訊いてみましょう」

「そこってどこ」

「湯場の裏手の田圃《たんぼ》の中です」

「そいつはいい。それを見よう」

「寒むござんすよう」

「いいよ。寒さをたのしみに来たんだもの」

左義長はたのしい子供の行事だ。お正月に使った門松や注連《しめ》飾りを家々から集めて来て、田圃の中や、道ばたの道祖神の前や、橋のたもとに積み上げる。その上に大きな竹の柱を立て、尖端に五色の色紙や書き初めの紙で作ったオンベというものをくっつける。それを火に燃やすのだ。

左義長の呼名は昔清涼殿で行なわれた三毬杖《さぎちょう》の様式から生まれたものと言われるが、民間に流布されてからは、トンド、ドンドン焼き、サイトウ焼きなどと色んな呼名に変わっている。この松本平から安曇野《あずみの》にかけては、それが三九郎焼きと呼ばれている。その三九郎の語源がいまだにわからないのである。

二本目のお酒がなくなった頃、電話をかけて置いた戯曲研究生の新井嬢が来た。疎開したままずっと松本に居つき、洋装店をやっている。

「どう。わかった」

「まだわからないんです。すみません」

この人にも三九郎考を頼んであったのだ。いっしょにご飯を食べ、すぐ武装をととのえた。

「凍みますよう」

おかみさんがまだ言っている。

たしかにそうだ。凍てついた裏道をあるき出したら、たちまち外套《がいとう》が氷みたいになってしまった。しかし、わるくない。

浅間の湯も近頃は大分近代装が目立ちはじめたが、湯場外れは昔のままだ。ここを舞台にして歳月という芝居を書いた頃の風色がまだのこっていた。あれは戦争の前だったから、かんがえてみるとわたしの浅間湯治も古いものだ。これ以上発展しないでくれよ、浅間。

田圃のほとりにはもう村の大人達が焚火をして時を待っていた。道祖神の石が火に照らされて立っている。左義長は田の中に立っているらしいが、まだ暗くてよく見えない。ここは大分高地らしく、松本平の村々の灯が下の方に見えている。晴れた昼ならば北アの常念《じょうねん》、燕《つばめ》のあたりが真向こうに見えるのだろう。

「寒えのう。早く焼いてくれねえかのう」

お百姓らしいおじいさんが足踏みをしながら言う。炬燵にでもはいっていればいいものを、やっぱり見に出て来たいのだろう。しかし、子供達の姿は一人も見えない。

「親方の家で今夜の遊びの支度をしているだよ」

手拭を被ったおばあさんが呟いた。子供の最年長者を親方と呼ぶらしい。火焼きが終わるとその家で徹宵《てつしょう》の子供宴会がはじまる。

「たのしかったのう。娘っ子に焚かせた五目めしを食って、甘酒をのんで」

おじいさんはノスタルジアをよみ返らせているようだ。

「昔は子を孕《はら》んどる時は火を見ちゃなんねえって言われたのう」

おばあさんが嫁時代を振り返ったらしい声で言う。

「おらの村じゃ、自分ん家《ち》の馬が妊《はら》んどる時にゃ、あるじは見に出ちゃなんねえって言われたもんだよ」

「夫婦仲のよくねえ家は、他所村の火つけ手伝うと、仲が戻るちゅう言い伝えがあったのう」

文化財的な話がつぎつぎと開陳される。新井嬢は火の明かりでノートをとっている。

「いまでもお餅は焼いているんですか」

「ああ、一年中風邪をひかん呪禁《まじない》ちゅうての」

「オンベの飾りものも、縁起がいいちゅうて、焼け焦げたのを取り合ったもんだな」

「娘に縁談のある家じゃ、高い値で買ってくれたもんだ」

「おらも大儲けしたことあるだ。半焼けの三九郎太夫を持ち込んでよう」

わたしと新井嬢が同時に声を上げた。

「それだ。その三九郎太夫というのはなんなの」

「道祖神さまだよ」

「道祖神が三九郎太夫」

「道祖神さまは石で燃せねえから、代わりの人形をオンベにくくって燃すだよ。つまり、日頃から村を守ってくれる神様へのご馳走だあね」

「どうしてそれを三九郎っていうんですの」

「さあのう。誰か知った者はねえか」

誰も答えない。

「竹を三本おっ立てるからそういうでねえかな」

「じゃ、九郎は」

「女子の子を苦労させるからだべよ。へへ」

淫らなわらい声がドッとわいた。

「オンベ笑いになっちまっただな」

そう言って、またドッとわらった。いよいよわからなくなって来た。

はじまるぞおッという暗がりの声とともに、田の隅で火がパッと燃え出した。杉束を手にした子供達の姿が闇に浮き、点火された杉束が火の粉の尾をひいて田の中へ突進する。背の高い左義長が三体、あかあかと照らし出されたと見る間に、メラメラと裾の方から黄炎が燃え上がった。なるほど木片に眼鼻を描いた人形が火に煽《あお》られている。わあっという子供達の歓声が起こり、合唱がはじまった。

三九郎さん　三九郎さん
じいちゃんばあちゃん孫つれて
白い団子を持って来い

白い団子というのは子餅のことだ。うたいながら方々から火にかざされている。熱いから柳の枝に突き刺してつき出している。

風がないため、火炎は垂直に天を突いて燃えつづける。青竹がポンポンとはぜる。松葉がピチピチと悲鳴を上げる。

「あっ、方々に、あんなに」

新井嬢が指さした松本平に、あっちにもこっちにも火の手が上がっている。安曇野の村々でも刻をひとしくしてはじまっていることだろう。いつ上がったのか、青い満月が空に在った。月もまた凍てついた顔をしている。

「今年は燃えが長えのう」

「今年は雨が多かんべよ」

燃えが早いと旱《ひでり》がつづき、長いと雨勝ちという占いらしい。

「唄の文句もかわったのう」

「校長さんがきっと替えただべ」

「人形もあんなじゃなかっただ」

「当たりめえだ。昔の通りだったら、文部大臣がオコリに来るだ」

年寄達はまたゲラゲラとわらい合っている。

翌る日松本駅まで送りに来てくれた新井嬢が

「先生、三九郎というのは神官の名前なんですって。福間三九郎っていう」

「そいつは大発見だ。どんな経歴の」

「そこまではわからないんですけど、松本市の蟻ヶ崎という町に古い木像が残っていて、その版木に道祖神福間三九郎と彫ってあるそうです。男女の神が抱き合っている姿が彫られて、その下にも神主三九郎と横書きされているそうです」

「おもしろいね。なにか摑《つか》めそうだね」

「調べてご報告します。それから……」

淡い羞じらいを頬に見せて、ボロボロの木版本をバッグから取り出した。

「この本にとてもおもしろい口碑《こうひ》が出ていますから、お持ちくださいませ」

ひろげようとした手をおさえて

「はずかしいから、汽車の中でごらんください」

車中で読んだら、なるほどと、昨夜の年寄達のわらいがわかった。抜いてみよう。

三九郎人形は一名をおんまらと称し　男根に擬して木を削り作る　その上に子供が作りしお札を置き　縁組のきまりし娘に取らせ　みんなして笑い騒ぐ　それをオンベ笑いと言う

その時にうたう唄として

　道陸《どうろく》神のおんまらに火がついて
　一尺八寸燃え切れた
　ヤアオ　ヤアオ　三九郎

などという文句が列挙されてあり、長いのも一つ二つ載っている。

　三九郎　三九郎
　まありまありに毛が生えて

中ちょっとばかくうぼんだ
はじめて都に上る時
駕籠《かご》からおんまら突き出して……

あとはページがすり切れてよく読めない。なににしても興味深いは福間三九郎氏である。読者のご教示を俟《ま》つや切。

秩父隠れ里おんまらさま

群馬県の中之条という町へ小正月《こしょうがつ》の鳥追い祭りを見に行った。行ってみると鳥追い行事は中之《なかの》条《じょう》だけじゃなく、付近一帯の町村で行なわれることがわかり、あっちこっちそれを見てまわることができた。

上州一帯では小正月のことを繭玉《まゆだま》正月と言って、道祖神祭りのドンド焼きもおなじ夜に行なわれるので、あわせてそれも見ることができ、仕合わせだった。

ドンド焼きはだいたい日が暮れた七時頃に行なわれたが、鳥追いの方は時間がまちまちで、中之条の大太鼓鳥追いは昼間だったが、牧水《ぼくすい》の歌で名高い暮坂峠の下の沢渡では八時、国定忠治の刑場に近い須賀尾《すがお》では夜中の十二時過ぎ、紅葉で知られた吾妻渓谷の松谷では明け方の三時と、それぞれ古来の風習が守られていて、見学者にとってはたいへん好都合だった。

その上、上州の空の定めなく、中之条では冬晴れの空の下で、須賀尾では吹雪の中で、松谷では満天の星の下で、それぞれムードのちがった行事風景を見ることができ、それも仕合わせだった。

そういうことで、宿に帰ったのが明け方近く、朝めしを食ったのは正午過ぎということになった。昨夜降った雪が屋根に少し残っているが、空は今日も好晴で、中之条を発って、渋川から前橋へ、利根川べりを突っ馳ると、いよいよ澄みわたった冬空の下に、榛名《はるな》山塊、赤城《あかぎ》山塊、妙義《みょうぎ》山塊がことごとく姿を並べ、行く手には秩父《ちちぶ》山塊までがクッキリと空を劃《くぎ》っている。こんなに山の美しい日もめずらしい。

まっすぐ東京へ帰ってもつまらないし、どっかへまわって行こうという話になり、運転に自信も他信もある白田君が秩父へ行ってみようと言い出した。同乗は森川中老と森山嬢、みんな演劇協会の事務局員だから、意見は割れず、勇躍秩父路に突進することになった。

中仙道の深谷町から秩父市へはいる道は一、二度通って知っていたのだが、地図で見ると、新町からはいった方が早そうだし、未知の山の中を通ってみたい気持も加わって、わたしがコースを決めたのがいけなかった。いや、よかった。藤岡市を通って、神流《かんな》川と呼ばれる川を遡《さかのぼ》ってゆく内、いつか川にダム工事がはじまって、地図の道を否定してしまった。地図では鬼石《おにし》町のあたりで川を渡ることになっているのだが、橋はおろか、対岸は外国ほど遠くなってしまっている。トラックに道を塞《ふさ》がれるし、道路は掘り返されているし、とんだところへ来てしまったと後悔したが、車輛をターンさせる場所もない。ともかくもこの黄塵《こうじん》地帯を突き抜けようと、土塗れになって自動車が駆けってくれたが、行けども行けども工事現場である。

「ダムにかかってからもう十キロを越えてますよ」

「そうだろう。まだそれくらいありそうだね」

やっとのことで工事場が終わり、山は自然の姿をとり戻した。

万場《まんば》町という部落に来たので、一度クルマを出て、外気を深呼吸した。

深い山の中に来ている寥感《りようかん》がジーンと迫まった。気温もグンと変わっている。麓の村から次第に山深くわけ入る道々のたのしさが、ダム工事で目隠しされ、いきなり遠い山奥に放り出された感じだ。

寂しい部落だ。地図には町と書いてあるが、どこにも町の感じはない。古びた山家が谷を挾んで小寒い薄日を浴びているだけの、ヒッソリカンとした山村だ。ダムに崩されることを免《まぬか》れた上流の神流川が、かすかな瀬音を聞かせている。

今日は成人式の日で、通って来た町々では、娘達の嬉々とした晴着姿をあちこちに見かけたが、山にかかってからは一人もそんな姿は見当たらなかった。

路傍の告知板を見ると、まだ群馬県である。地図で見ると、埼玉県との県境線を縫うように南下して来たらしい。豆腐屋で道を訊いたが、もうここまではいってしまったら、谷のドン詰まりの間物《まもの》という部落まで行ってしまい、そこから高い山を一つ越えて、裏側から秩父市にはいるよりほかはないだろうと、憐れむがごときあるじの表情だった。間物を魔物と聞いて、森山嬢が怖《おび》えた。わたしもそう聞いた。

地図を調べると、なるほどそんな道があるにはあるようだ。老女の髪の毛のようなかぼそい線だ。しかし、もう予算の二倍以上時間がかかっている。日のある内にはとても秩父市にはいれまい。と言って、もう一度工事場の土をかぶるのはまっ平だ。

「ともかく行こうよ」

白田君を鼓舞して自動車に乗り込んだ。

谷は、当然のことに、また深くなった。小さな部落を一つ一つ通り過ぎるたびに、山家の風情もぐんぐん深くなり、それはわたしをよろこばせた。

狭い谷間の上の細長い空がいつか灰色の雲に覆われてしまい、小春日の青空はどっかへ消えてしまった。山の林はすっかり葉が落ち、山蔭に根雪らしい古雪が物佗しく光っている。

こんな奥にも人間は住むのだ。焼跡のバラックのようなおぼつかない小家が谷のあちこちに見える。風に吹き飛ばされないように石がのっかっているが、沢庵石みたいな大きな石で、風の心配よりは、その石で家が潰されはしまいかと、ひと事ならず心配を感じた。山風が吹き出したのか、板屋根の落葉が谷へ飛ばされている。

でも主婦達はチャンチャンコにモンペでせっせと働いている。薪を揃えたり、野菜を干したり、谷へ水を汲みに降りたりしながら、時ならぬ自動車を怪訝《けげん》な眼で見送っている。その眼の色が行く手の難渋を教えてくれているようで、未知の幽谷への不安感がさらに濃くなった。

腹が減って来ているが、ラーメン屋一軒見つからない。中之条で仕入れたバナナも串柿も食べつくし、東京への土産に買った栗煎餅の函《はこ》も破いて、皆でわけ合った。漂流しているようだ。

中里村という部落を過ぎたところで、道が谷とわかれた。さらに心細い道になった。楢山《ならやま》へ行く道みたいだ。熊笹がガサガサとボディーに擦れる。

山がぐんぐんと迫まって来る。いままでは両側だけの山だったが、今度は真正面からおっかぶさるように迫まって来る。トンネルへ突進するような感じだ。

三方を山に囲まれた、言葉通りドン詰まりの窪地に、二、三軒の山家が見えた。パンを売っている小家があった。

「パン屋があるよ。牛乳もある」

降りてみると、ここが間物部落だった。

パンを買って頰張り、ブルルッと震えるような牛乳をのんだ。

秩父への山道を訊くと、あの山の峠を越えるのですと、主婦が上空を指さした。

仕方がない。腹を拵《こしら》えて、踏み破る千山万岳の煙と行こうと、白田君にハラを決めさせた。

少し腹が出来たので、前の小川のふちをブラブラしてみた。全部落二十二戸といま主婦から聞いたが、まったく森閑とした部落だ。あっちこっちの傾斜に段々畑みたいに小家が建っているが、一人の人間も眼にはいらない。満目蕭条《まんもくしょうじょう》として、山雀《やまがら》の声ひとつきこえない。全戸死に絶えているような無気味さだ。

枯れ葦で埋まったような小川があり、心細い板橋がかかっている。橋の両袂《たもと》に若竹が突き刺され、橋の空に注連縄《しめなわ》が渡されてある。

注連縄には二尺置きくらいに御幣《ごへい》が下がっている。そのいっとうまん中のあたりに奇妙な物がブラ下がっていた。

「なんだろう、これは」

特大の懐中電灯くらいの長さに、皮つきの生木をぶつ切りしたようなもので、頭辺だけ皮が剝がされ、よくは見えないが、なにか加工されてある。

「へんな物ですねえ」

「なにかお祭りがあったんですね」

森山嬢は風景写真を撮ってまわっているので、男三人、虚空《こくう》を仰いで、山風にゆらゆら揺れる怪物を鑑定した。
十二、三の女の子が買物籠を提げて通りかかった。セーターの上にチャンチャンコを着込み、母の言いつけでなにか買いに行くような姿だ。
「ねえちゃんねえちゃん。なにかお祭りがあったの」

「うん、昨夜ここであったよ」

「どんなお祭りが」

「あの、おんまらさまのお祭り」

淡白に答えて、元気に駈け去った。

「おんまらさま」

あのと指さされた橋上の怪物を、もう一度三人はふり仰いだ。

「へんなとこへ来たね」

「なにかワケがありそうですね、これは」

「おもしろいから調べて行きましょう」

年寄の猟師がタイムリーに山から降りて来た。

「ちょっとおうかがいしますが、昨夜ここであったお祭りというのは、どういうお祭りでございましようか」

森川君が持前の慇懃《いんぎん》さで訊いた。

「おんまら祭りだよ」

ニコリともせず、猟師が答えた。

「と申しますと」

「古いおんまらさまを焼いて、新しいおんまらさまを拝むだ。村の者全部ここに集まっての」

「このおん……神様に」

「ああ、このご神体さまと、あのお供えのおんまらさまによ」

そう言えば木片の焼け残りが路傍に転がっている。

「神主さんでもおいでになるのでございますか」

森川君、なかなか執拗だ。

「いやあ、そんなことをしちゃゼニがかかるで、わしが年寄顔で代理をやるだよ」

全部落二十二戸の老若男女に子供も集めて、橋上と道祖神に合掌し
「おんまらさま、おんまらさま、今年も村の守りをおねげえ申しやす」

と、合声して柏手《かしわで》を打つ。そして古い木片を火に燃やす。ただそれだけのお祭りだそうである。

「だいたいこのご神体はどういうスジの神様なんですか」

「平将門《たいらのまさかど》さまじゃ」

「えっ」

皆が思わず声を上げた。思いがけない所に将門の名がとび出したものだ。

「一本いかがですか」

話がおもしろそうだと、白田君が煙草を突きつけた。

好きらしく、うれしげにライターの火を受けながら、川ぷちの防水石に腰を卸し
「今年は出来がわるかっただよ。当番の家が女あるじだったでよ」

なにか理窟を言いたいのを抑え、一緒にご神体を見上げた。山風が吹き下ろし、ご神体が生きもののように弾んでいる。

「へえ、将門公がこんな山の中に祀られてるんですか」

「この奥に城峯山《じょうみねさん》というでっかい山があっての、そこで討死されただ」

「へえ」

将門が貞盛の矢に射られて死んだのは、下総《しもうさ》の国だと歴史で学んだが

「将門さまの隠れ窟も、お屋敷址も残っとる。相馬神社というお社もある」

と言われると、それにさからう知識をわたしは持たない。しかし薩摩に於ける西郷さんとおんなじで、関八州《かんはっしゅう》に於ける将門信仰は古来有名だから、その崇敬からそうした事蹟の数々がつくられたことも想像できる。どちらも時の為政者に向かって強烈な抵抗精神を示した英雄ということで一致している。

しかし、この橋上のご神体までがどうして将門公なのであろう。

「伝説みたいなものが残っておりましょうか」

「うん、残ってるだ。この間物の里に、将門さまの奥方さまが、敵の眼を逃がれて長くお隠れ

になっていただ」

「じゃ、その奥方がこのご神体をおつくりになりましたので」

そうだと話が合理性を帯びて来る。が、それに応じた答えはなく
「奥方さまは間もなくご自害なされただ」

「へえ、敵にでも見つかって」

「そうじゃねえ。忠義な家来の衆に操を破られなさったためじゃ」

またヤヤコシくなった。

「どうして忠義な家来がそんなことを……」

「人間は煩悩具足の輩《ともがら》というからの」

話を掻《か》いつまんで書くとこうなる。

奥方が落ちのびる時、日頃から信頼する家来一人を連れて出て、この部落に男女二人の同棲をはじめることになったが、その忠義な家来がかねてから奥方の美貌に思慕を抱いており、それだけに奥方への奉仕もひときわ心が籠ったのだが、二人だけの環境が若い思慕を掻き立て、どうにも心を、いや、血をおさえがたくなった。しかし、その若者は大学に行かなかったから非合法な

行為は出来ず、卒直に心の燃えを打ち明けて泣いた。奥方も心ではその若者を許していたので、その心根に哀れを催し、妥協案を考えてやった。

「奥方さまがかんがえられたことはの、この辺の山に蕗の葉がいっぱい生えとるで、それをとって、大切な操の入口を塞ぎ、これを守ってくれるならば、肌に触れることは許そうと言われただ」

たいへんな話になって来た。森山嬢はまだカメラに夢中である。

「なるほど。つまりペッティングですね」

そんなこと訊いたってわかりゃしない。

「で、どういうために自害されました」

「とうとう家来の衆が、ある夜その掟を破ってしまっただ」

「ふうむ、やっぱりねえ」

「それ以来、この里に生える蕗の葉は、みんなまん中に穴があいてるだ」

プッとふき出しそうになったが、年寄がニヤリともしないので
「ほんとうですか、それは」

「ほんとじゃ。終戦直後までそんな蕗があっただ」

「いまは」

「道路がひろげられた時になくなってしまっただ。するまね明神はまだ残っているだが」

「なんです、それは」

「そこのお社じゃ。奥方さまを祀ってある。する真似だけしていればよかったちゅうて、里の人達が……」

とうとう吹いてしまった。シャレた山里である。なんだか今昔物語の世界にはいったような気持だ。

「参詣するかね」

案内顔で年寄は立ち上がった。

部落外れの崖の途中にそのお社は在った。森山嬢がその祠《ほこら》にカメラを向けていた。

ゲラゲラわらいながら近づいた三人へ
「なにかおもしろいことがあるんですの」

「いや、悲しい話なんだ。このご祭神は操を守って自害された平将門の奥方なんだって」

「まあ、お可哀想に」

空がまっ黄色に夕映えて来た。これが褪《あ》せたとたんに夜が来るのだ。

パン屋に寄って、お孫さんのためのお土産を買って渡し、手を振る年寄をあとに、わたし達は愛すべき山の部落と訣別した。

急傾斜の山道を駈け登ると、峠にはまだ夕映えがあった。武甲山がまっ正面に見え、セメント採取で削られたその隣り山も、夕映に染まっていつもほど空しくなかった。

「あっ」

とつぜん森川君が声を発した。

「なんだ」

「兎でもとび出したの」

「いいえ」

森川君は声を発したことをハニカムごとく
「ちょっと、その、部落の名に思い当たりましたので」

「部落の名は間物だよ。それがどうしたの」

「いえ、それが、その語源に……」

「語源」

「はい。その、間《あいだ》の者という……」

白田君がハンドルを切りながら、ハハハハと痴呆的にわらった。

明日香の宮のおん田遊び

大阪で芝居の稽古が一日ポッカリと空いたので、飛鳥《あすか》の岡寺に眠っている父母を久しぶりに訪ねてみようと思った。ちょうど節分の日だから、帰りは奈良にまわって、興福寺の奈良茶めしでも食べ、すぐ前の東金堂で行なわれる鬼やらいを見て帰ろう……。

飛鳥路の早春はいつもながらよかった。多武峯《とうのみね》の片蔭にはまだ雪が残り、大仏寺や雷《いかずち》の丘をとりかこむ畑には、麦の芽が青くのびはじめていた。飛鳥川の瀬はキラキラと雪解水を輝かせ、岸辺にはチラホラと芹《せり》が見えはじめていた。人麻呂の

明日香川しがらみ渡し塞《せ》かませば流るる水ものどかにかあらまし

という万葉歌そのままの風色が、仕事に疲れたわたしをよろこばせた。

今日は一つ甘樫《かんなび》の丘というのへ登って、飛鳥京の全貌を想い描いて見ようと思いながら、古い道しるべや野の仏の立った枯野道を、心ゆたかにあるいていると、追い越した自動車が急停車した。

「おん田見物でしょう。乗って行かれませんか」

大阪の芸能新聞に勤めている和田君だ。

「お祭りがあるの」

「へえ、知らなかったんですか、先生が」

不思議な顔で、手短に話してくれた。

「おもしろそうだね」

即座に、見ることに決めた。

「まだ時間が早いから、ブラブラ行くよ」

「じゃ、席をとっときます」

埃りを立てないように徐行して行ってしまった。

明日香村の飛鳥坐《あすかにます》神社で今日天下の奇祭があるというのだ。飛鳥六社の一つで、古くから名は聞いていながら、史跡を持たないお宮のため、つい通り過ぎていたが、そんな年中行事があったとは知らなかった。

村が近づいた頃から、なるほど人通りが多くなって来た。香久山《かぐやま》の方からも、島の庄の方からも、村人達が陸続と畦道《あぜみち》をあるいて来る。

村の入口に巡査が立って自動車を整理していた。観光バスも一台着いている。オヤオヤ。

わたしは明日香村の風色が大好きである。古風な甍《いらか》屋根と崩れた壁を持った民家が、戦争はど

こにあったかと言った顔で、古代色の陽を浴び

采女《うねめ》の袖吹きかへす明日香風都を遠みいたづらに吹く

という歌の心がいまもまだ温存されている。

とつぜん土塀の間から、青い天狗面をかぶった股引《ももひき》男が、青竹の先の割れたのを握って飛び出し、わたしの前を行く村娘達のお臀《しり》を叩いた。

「阿呆ッ」

「スケベ天狗ッ」

負けずに声を張る娘達を黙殺して、青天狗は行きずりの人を見境なしに叩きながら、お宮の方へ行ってしまった。なんだろう一体。

お宮は村の中程の鳥形山とよばれる丘の上に在った。煉塀《ねりべい》に沿った高い石段がついている。登り口に空高く神幟が立ち、どこの祭りにも出ている店が二、三軒ずつ、参道に向かい合っている。

石段を登り切ったところに、主婦会の会長さんといったタイプのエプロン婦人がお札とお守り人形を売っていた。わたしは郷土玩具を蒐集しているので、その一つを手に取ろうとしたが、一寸《ちよつと》手がとまった。人形は全部男根だった。

しかし、数十の男根を前に並べ、オコッタような表情で睨んでいられると、すくなからず購買力は減じた。思いなしか参詣人達もジロジロと横目で見て通るばかりで、誰一人買おうとしない。この婦人は一日中、男根群の林立を前に、不機嫌の表情をつづけているのだろうか。いや、ひょっとするとこれは研究された表情かもしれない。なまじ愛想良くニヤニヤしていたら、ヘンなものかも知れない。気の毒な立場の人だ。

つまらないことを思いながら参道をすすむと、両側の苔の上に名石展示会のように、突き立った大石が並んでいる。全部男根だ。睾丸《こうがん》ようの台石がついているのもある。亀頭とおぼしきあたりに注連が巻かれてある。いったいどういう神様が坐すのであろう。森厳な杉林の中の神寂びた社祠《しゃし》を、あらためてわたしは見まわした。

社前には大分見物人が詰めかけていた。あえて見物人と呼ぶのは、その群集の全部が社祠を背にし、神楽舞台に向かって顔を並べていたからだ。敬拝したのはわたしが第一号かもしれない。石垣の上の特等席に和田君らが陣取っていて、わたしを引き上げてくれた。

杉林の間から大和国原が蕭々《しょうしょう》とひろがって見える。

春されば花咲きををり

秋づけば丹《に》の穂にもみつ
味酒《うまさけ》を神名火山の
帯にせる明日香の川の速き瀬に……

好きな万葉長歌がおのずと口に上る。千年の昔、ここは日本の首都であった。外来文化の中心であった。

飛鳥京の宮人達は、花に酔い、恋に酔うて、緑の野べに日を暮らした。その詩心が万葉歌となってわたし達にのこされ、都は潰《つい》え去った。

なんの跡方もなく、古墳のみを残して消え去った古都であるがゆえに、飛鳥の野はことさらにわたしの思慕を唆《そそ》るのであろう。

「石垣を落ちないようにしてくださいよ。性行為がはじまると、人が押しますから」

和田君がヘンなことを言って、わたしのゆめを醒まし

「しまった。言わないでビックリさせようと思ったのに」

と、わらっている。

「どういうことなの、それは」

「まあ、見ててください。いまにはじまりますから」

「いや、まだまだはじまらねえね。踊る奴ら、まだ会所《かいしょ》でのんでいやがるだよ」

そばに腰をおろしたお百姓らしい年寄が煙管をくわえながら呟いた。

「酒でものまなきゃ、あんなこたあやれねえだなあ」

連合《つれあい》らしい老媼《ろうおう》がそう言ってわらった。

なるほど、一番太鼓が鳴りわたっても、なかなかはじまりそうもない。眼に見えて密度を増して来た見物の上へ、岡寺の山が冷たい山風を吹きおろして来た。父母が早く来いと促しているのかもしれない。

やっとした頃、人波のうしろにザワメキが起こり、神官を先頭に、村の古老達が会所からの石段を登って来た。先刻の青天狗がまた露払いで現われ、青竹を鳴らして群集の中に一行の通路を作っている。全員が神楽殿の正面に並んで住まうと、また青竹を鳴らして、床のあちこちを叩いてまわった。

「魂鎮めをやってるだよ。お宮だけじゃなく、村全体を叩いてまわるだ。土を叩くと、田の神様が事始めのお祝に来てくださるで」

「厄除けになるちゅうで、わしらもわざと叩いてもらうだよ」

それでわかった。

二番太鼓が鳴りわたった。

神官が祝詞《のりと》を読み、神儀がはじまったが、侍立の古老達が全員野良着のままなのがおもしろい。おん田祭りの名にふさわしく、とても野趣がある。

縫いぐるみの黒牛が舞台の袖から飛び出した。無格好な牛だ。両手に細長い木切レを摑《つか》んでいる。それが前足らしく、カンガルーのように跳んでまわる。尻尾に手綱《たづな》をむすびつけ、それを握ってまた青天狗が現われた。よく働く天狗だ。おどけた振りで、田鋤《す》き、田均《な》らし、畝《うね》つくりを踊って見せる。小太鼓一つないパントマイムにしてはよくやっている。

つぎは翁の面をつけたモンペ男が、鍬《くわ》を担いで踊って出、田を耕す振りを見せた。

お田植は神官がやった。籾種を床の上にバラまいてまわる、これが種播《ま》き。それから松葉を抱えて来て、田植のさまを見せた。

「ああやって、今年の豊作を祈ってくださるだよ。ありがてえこんだ」

老媼が柏手を打っている。

つまり田遊びなのだ。東京練馬の徳丸神社などでいまもつづけている田遊び神事なのだ。と気がついたら、和田君が口走った性行為も見当がついて来た。

「さあ、いよいよ眼目だあ」

年寄がわらい顔で呟いた。

三番太鼓が鳴りひびくとともに、見物の上に大きな興奮が漲《みなぎ》りわたるのがわかった。

赤い鼻高面をつけた上級の天狗が、黒紋付きにお多福の面をつけた花嫁の手をひいて登場した。

わあっとばかり見物が歓声を上げた。

「男の方が猿田彦の命《みこと》だ。女の方が天《あめ》の鈿女《うずめ》の命だ」

鼻高面だけはいかめしいが、これも股引にチャンチャンコ。なんともお気の毒な猿田彦さまだ。

鈿女の演者は大男らしく、背を盗むためか殊更に首を縮め、袖を口にあてて含羞《はにかみ》の演技を見せるのは可憐だが、あるくたびに赤い蹴出しから奈良漬色の毛脛が露出する。村娘達がワイワイ騒ぐ。

「可愛がってもらうだよッ」

などと黄色い弥次も飛ぶ。

翁が出て来て、仲人の座についた。祝言はまず花嫁のご飯盛りからはじまった。山のように盛り上げた鼻つき飯を、敬々しく神官の前へ供えに行く。丸帯がゆるんで、いまにも腰からズリ落ちそうである。

新郎が大きな酒筒を手にして立ち、珍妙な振りで飯の上に酒を注ぐ。

「あれは汁かけの式と言うだ」

よく見ると、酒筒と見えたは大きな男根だった。それが可笑しいのか、振りが可笑しいのか、女のわらい声が男よりも高い。

翁が二人に床盃をさせた。そして引き下がった。

「いよいよお床入りだぞ。カメラの用意はいいね」

和田君が膝を乗り出しながら言った。

境内が一瞬シンとなった。見物が固唾《かたず》をのんだことのわかる空白が、不自然に長引いている。天狗も嫁も、膝に手を置いたまま、動こうとしない。気を持たせる演技かもしれない。空白の一端が綻《ほころ》び、待ち切れない感情が潮騒《しおざい》のようなザワメキを生みはじめた。

「シッカリやれよう」

一人が頓狂《とんきょう》な声を放ったのをキッカケに、空白が破れた。ワアワアという声が怒濤のように盛り上がった。物情騒然たる雰囲気となって来た。優勝決定の土俵前みたいである。

天狗が立った。嫁の手をとって寝床に誘う。

嫁はオーバーなゼスチュアで羞恥と抵抗を演技して見せる。

爆笑。弥次。声援。

天狗が嫁をその場に倒した。その上に折り重なった。

狂声が爆発し、人波が前後左右に激しく揺れる。伸び上がって凝視しようとする人物、カメラを向けようとする人物、幼児を肩《ちち》クマにして見せてやろうとする人物、それらの障碍《しょうがい》を退けようと怒鳴る人物、無数のイサカイが渦潮の混乱をさらに強める。和田君の警告通り、わたしの背後にも圧力が生まれ、危うく石垣からこぼれそうになった。

「あれを種つけの式と言うだよ」

騒擾《そうじょう》に消されまいと、年寄が怒ったような声で教えてくれた。

天狗が嫁をはなれて立ち上がった。嫁も乱れを直して立った。現金に騒声が低まった。

天狗と嫁がいつの間にか分厚い懐紙を手に摑んでいる。それを見物の頭上へサッとまき散らした。ふたたび歓声が起こり、それを拾うための揉み合いが起こった。

「フクの神と言っての、縁結びの占いだで、ああして取り合うだよ」

取り合う群集の中に若い村娘の姿が眼立つ。さすがは明日香乙女である。

「つまりあれは、田の神様にお見せしているだよ。バス会社が宣伝して、エロ祭りなどと書き立てているが、そんな不真面目なお行事じゃねえ。昔からつづいた厳かな式だあ。人間もこんなに精出して子孫をこせえているだから、田の神様もどうぞよい種をタント実らせてくだせえっていう」

混雑の鎮まりを待ちながら、年寄が静かに心の不満をもらすそばで、老媼も
「昔は村だけのお行事だっただが、いまじゃまるで写真撮しの会みてえになっただなあ」

と、歎きを呟いている。

外来の見物者はもうゾロゾロと丘を降りはじめている。

奇祭はこれを以って終わったのであろう。

半時間の後、自動車群が四散した村の道を、わたしは父母が待つ岡寺の山にむかって、畑の中の道をゆっくりとあるいていた。

空はいつか鈍色《にびいろ》の雲に覆いつくされ、いまにも風花《かざばな》がチラついて来そうな空合いになっていた。

来る時は背にしたので気づかなかったが、金剛、葛城の高嶺には、まだ深く雪が残っている。暮れなずむ光の中に、その色が寒くはかなく、明日香べの道は急に夕凍《じ》みの色を濃くして来た。お気の毒にも今日の駐車場にされ給うた飛鳥大仏さまには、田を隔てて礼を送り

大原の古りにし郷に妹《いも》を置きてわれ寝《い》ねかねつ夢に見えこそ

の古歌に知られた大原の山裾道を、わたしは父母の許にいそいだ。

秋田六郷の竹合戦

秋田県仙北郡六郷《ろくごう》町の竹打ち行事は、たいていの祭り歳時記から脱落している。わたしもやっと数年前、横手市のかまくら行事を見に来た時、その名を知ったくらいだ。それほど世に埋もれた奇習行事を、ようやく今年見ることができた。そして、期待に違わず、すばらしくおもしろかった。

六郷町というのは、秋田県の中央部に在る大曲《おおまがり》市の東方で、奥羽山脈に程近く、相当雪の深い土地である。その積雪の上で、旧暦小正月《こしようがつ》の夜、全町を二分して大がかりな竹合戦が行なわれる。南町と北町、各五百人の男が二手に分かれ、三米《メートル》はゆうにある長い青竹で叩き合うのだ。もちろん怪我人が出て、雪が鮮血に染められる。二度小憩みを挾んでえんえん小一時間。終《しま》いには竹の先がササラのようになってしまう。とにかく凄烈という言葉を画にして見せたような大合戦であった。

なんでこんなことをやらねばならないのか、それについては誰からも明答を得られなかった。

「豊作を占う行事なんです。北軍が勝つとその年は豊作だというのです、昔から」

「じゃ、もし南軍が勝ったら、南軍の人も困るわけですね」

「まあ理窟ヌキで見てください。莫迦《ばか》々々しい田舎の祭りと思って」

しかし、なにか別な縁起があるような気がする。読者のご教示を俟つ。

先に行事の次第を書いてしまったが、わたし達はその日の夕ぐれ大曲駅に着き、迎えてくれたＮＨＫのクルマで、雪の往還を六郷町役場に運ばれた。

役場の二階には土地の校長さんである辻先生が待っていてくださった。

「やあ、ご遠方をようこそ。どうぞあったかい方へ」

ストーブのそばに招じられると、小使さんが茶碗を持って来た。口にするとお酒だった。

「寒さよけにあったまっといてください」

流石《さすが》は雪国である。

心づくしの芳醇を舌にのせながら、わたしはフトみちのくの北辺遠く来ていることを思った。旧小正月の前後、みちのくには多彩な祭り行事が雪の上につづく。それらを見るため、わたしは娘をつれてはるばるやって来た。酒田在の黒森歌舞伎を筆頭に、秋田の梵天まつり、角館《かくのだて》の火ぶり、六郷の竹打ち、湯沢の犬っ子まつり、横手のかまくらと梵天まつり、刈和野《かりわの》と大曲の大綱引き、そして最後は奥羽山脈をこえて八戸《はちのへ》のえんぶり舞と、貪欲なスケジュールだった。

那須野ヶ原ではまだ枯草が見えたが、福島を過ぎて板谷峠にかかると、もういちめんの雪の中だった。米沢、蔵王、山形、新庄と、雪はぐんぐん深くなった。酒田、秋田は海辺のことで雪は薄かったが、最上川を遡《さかのぼ》って、湯沢、横手、大曲とわけ入ると、またまた雪は深くなり、多分奥羽山脈は越えられないだろうと、車中の人の話であった。南国に生まれ育った娘は、大吹雪で町が埋まることを望んだ。わたしにも、じつは、その心がないではなかった。そのみちのくの雪の夜に、世にもめずらしい行事を、これから見せてもらうのだ。

壁にかまくら行事の役割表が貼られてある。実行委員長が町長で、その下に各主任の名が列記され、辻先生は接待係主任である。

「公務ですから、一つ」

土瓶の酒を笑顔ですすめられる。人懐っこい老教育者である。きっと生徒達から慕われておられることだろう。

「かまくらというのはどういう意味なんですか」

かつて横手の町で訊き、要領を摑《つか》めなかった語源を、またわたしは訊いてみた。

「いろいろと説がありますが、まだ定説はありません。竹打ちのはじまりが、鎌倉の北条高時を新田義貞が攻め滅ぼした時の模擬戦だとする説が古くからあります。しかし、文政年間にこの地を訪ねた菅江《すがえ》真澄《ますみ》の遊覧記には、釜蔵という文字が用いられてあります」

横手ではアイヌ語の穴からの転化かもしれぬということだった。

「とにかく町の人間は大人も子供も今日の祭りが楽しみでしてね。二月の声を聞くと、もう仕事が手につかないのですよ。こんなわらべ唄があります」

校長さんは眼を細め、土地の訛《なまり》で、低くうたってくださった。

正月どこまで来た
クルクル山の蔭まで
なにお土産に持って来た
松とゆずり葉と
デンデン串柿持って来た
明日の晩げかまくらだ
大根と牛蒡と煮ておけ

なんと可愛いわらべ唄ではないか。冬の長い雪国の子供の心がジンワリと心に突き刺さって来る。

十一日は蔵開きといって、商家では大福帳の表紙を書き、子供の居る家では天筆《てんぴつ》というものを書く。

「これがその天筆です」

やはり接待係の安倍さんが、背後の壁を指さされた。

「おう、綺麗だ」

赤、白、青、黄、緑の折紙を継ぎ足した紙幟《かみのぼり》が、長く天井から床へ垂れ下がっていた。文字が書かれてある。娘が写しとった。

鎌倉大明神　天筆和合楽　地福円満楽　日月清明楽　五穀豊熟楽　商売繁昌楽　富貴長命楽
学問上達楽　子孫長久楽　交通安全楽

欲張った願文である。

「最後の交通安全は今年からの付け足しです」

と、校長さんはわらわれた。

十二日にはこの天筆が全町の軒先に立てられる。白い雪の上に五彩の幟が寒風に翻る図はさぞかし見事であろう。十二日市が開かれて、神に供える猫柳が売られる。猫柳の祭りというのが北満の哈爾賓《ハルビン》にもあった。その日は露人墓地が猫柳でいっぱいになったっけ。

十四日が鳥追小屋作りである。築地《ついじ》塀のように雪を積み固めた上に茅《ちがや》の簀《す》の子《こ》を渡し、雪をのせ、子供達の手で雪むろが作られる。

十五日には繭玉を作り、神棚や米俵の上に立てて、稲作と養蚕《ようさん》の豊量を祈る。そして、夜が竹打ちである。子供達は軒の天筆を諏訪神社へ持ってゆく。神社にはかまくら畑という広場があって、そこに門松や注連《しめ》飾りの山が二つ出来ている。その山へ天筆を積み上げ、それが竹合戦のあと、炎々夜空を焦がす火柱となるのだ。

ボヘー……

法螺貝のような笛の音が窓の外にきこえた。

「そろそろはじまる予報です。町を見に行きましょう。出陣風景が見ものですから」

校長さんは椅子を立たれ、寒気に挑む武装をととのえられた。

外は凍てついた寒夜だった。夜空は硝子を拭いたように透明だった。中天に小さな満月が冴えていた。その光のため、近くの星華が光を失っている。

長靴を貸してもらったので、雪の上を転ばずにあるけた。雪沓《ゆきぐつ》を穿《は》き、ズボンを穿いた女達が、襟巻に首を埋めて神社の方へあるいてゆく。子供はスキーをつけたように道を滑っている。

道祖神の小祠《しょうし》が町家の軒高く、宙吊りのかたちで祀られてあった。辻角には街灯のように柱高くのっかっているのもあった。豪雪を慮《おもんぱか》ったものらしい。

「わたしの小さい頃には、裸参りの風習がまだ残っていまして、寒夜に白衣一枚で辻々の道祖神を礼拝してまわったものですが、いまはもうそんな篤志家はありません」

「第一道祖神そのものが工事のたびに減ってゆくんでね」

安倍さんの言葉にかぶせて、校長さんが歎くように呟かれた。

町家の中庭や裏庭に案内された。そこには鳥追小屋が出来ていて、水神祀りの用意がもうとのっていた。雪の上に茣蓙《ござ》が敷かれ、火鉢には甘酒の鍋が乗っかり、そばに切り餅のはいった箱があり、水神さまに献じた蠟燭《ろうそく》の灯があたたかく雪倉の中を照明している。

「竹打ちが終わると、子供達はすぐ家に戻って、甘酒を沸かし、子供達だけのお祭りをはじめるんです。お賽銭を渡すと甘酒をのませてくれるんですよ。あとで一つ一つまわってやりましょう」

とある小屋では、竹打ちの始まりを待兼ね顔で、チャンチャンコ、モンペの子供達が坐っていた。それはそのまま雪国の風土詩だった。

「羨ましいわねえ」

娘はしみじみとそれに見惚れた。娘の少女時代は殺伐な勤労作業に明け暮れていたのだった。

雪明かりの町角に大勢の男が集まっていた。積雪を四角く剪《き》った上に神を祀り、雪の棚に神酒がズラリと並んでいる。鎌倉大明神と記した万灯が雪の上に立ち、青竹が数十本、幣束《へいそく》に飾られてズラリと突き立っている。

合戦服に身を固めた男達が刻々と数を増して来る。作業服、消防服、登山服、スキー帽、手拭の頬被り、そして鉄カブト。色とりどりである。

篝火《かがりび》が燃え上がり、雪を踏んで神官が現われた。

祝詞《のりと》がはじまると、流石に人声が鎮まったが、祈念している者はないようだ。

「祝詞の短い神主さんほど評判がいいんです」

その意味は、祝詞が終わるや否や、供え酒の争奪がはじまったことで了解された。忽《たちま》ち祠《ほこら》の前は酒の場と化した。

もうどっかで入れて来たらしいのが

「校長のおやじ、のめ」

と、茶碗を突きつけに来る。ついでに
「客人ものめ」

と、わたしにも強請した。

「のんでやってください」

教え子の生長を微笑みながら
「この勢いで竹を振りまわすんだから、たまったもんじゃありませんよ」

と、校長さんはうれしそうにわらわれた。

　ボヘー……

すぐそばで笛が鳴った。法螺と思ったのは木の笛だった。長さ一米はあろうか。吹き手は河豚《ふぐ》提灯のように頬をふくらませている。

　ボヘー　ボヘー　ボヘー……

「さあ。出陣だぞ」

男達は手ン手に、二、三本の竹を担いだ。一本だとすぐ駄目になるのだ。

「一晩に二千本の竹を無駄にします。もったいないことです」

一列に勢揃いして、ザック、ザックとあるき出すあとから、頭巾《ずきん》を被った娘や子供がついてゆく。わたし達もそのあとにつづいた。足明かりのための万灯が低く雪の上にのっている。国家安康、社頭弥栄、南軍必勝などと書かれてある。トラックの影画《かげえ》を添えて交通安全と書いたのもあった。耳を澄ますと、あっちでもこっちでも木笛の音が空にこだましている。方々の町内から勇士軍が合戦場へくり込むのであろう。

人の波に揉まれながら、やっと神社に辿り着いた。わあ、居る居る。かまくら畑には青竹を雪に突っ立てた勇士の大群が、左右に対峙して白い息を吐いていた。一分後には修羅場と化すであろう殺気が漲《みなぎ》りわたっている。

「危いから桟敷《さじき》に昇りましょう」

校長さんと安倍さんが力をこめてわたしの腰を押し上げてくれた。桟敷の上からも両手をとってくれる人があった。右手はＮＨＫの岡田放送部長、左手は宮田輝アナウンサーだった。

やあ、やあと、妙な所で久闊《きゅうかつ》を叙《じょ》し合った。ふるさとの歌まつりで横手まで来ている人達だった。

高い所から見ると、広場の殺気は一段と凄烈だった。神官がまた祝詞を誦みだした。が、終わると同時に、脱兎《だつと》のごとく逃げ去ったのは可笑しかった。一瞬遅れれば竹の下に倒されねばならないからだろう。

木笛の音とともに合戦がはじまった。わあっという怒声と、女子供の声援の声と、竹を叩きつけ合う音と、ひっきりなしの笛の音と。

新田勢と北条勢の攻防戦もかくやらんと思うばかりの凄まじさだ。

負傷兵が出はじめた。眼をやられたらしく、顔を血だらけにして担がれてゆく。警官にではない。戦友によってである。警官はただ遠巻きに突っ立って、それを眺めているばかりである。

「巡査の奴、なにをボヤボヤしてやがるんだ」

「早く救護してやらねえか」

荒々しい怒声が飛ぶ。わたしの耳のそばで誰かが言った。

「恐いんだよ、巡査は。日頃のウップンを晴らすため、この時とばかり竹が降って来るんだよ」

「なるほど、それで」

わたし達は機関車のような息を吐いて、大笑した。

牛久保城下のうじ虫祭り

ウジ虫のことをうなごうじとも言うそうである。だからうなごうじ祭りという別称もある。なにしても一寸《ちょっと》心が惹かれる名前なので、四月の七日、さくらの花がまっ盛りという日に、豊川稲荷に近い牛久保という町へ名古屋から連れて行かれた。

飯田線の国鉄駅があり、古い建物と町並みが残っている物静かな田舎町だった。

花時の慣《なら》いで、町に着いた頃にポロつき出した雨が、町角の小食堂で稲荷鮓《ずし》を頬張っている内に本降りになって来た。

「うまいねえ、この稲荷鮓は」

「稲荷の本元豊川神社に近いからだろう」

まつり同好会の連中がそんなことを話し合っているが、稲荷社の立派さと稲荷鮓の美味さとは関係のないことだろう。お狐さまが夜な夜な食べに出て来るわけでもなし。

壁に若葉祭りというポスターが貼られてあった。

「昔は旧暦の四月だったもんで、若葉祭りという名もあるんですよ」

「昔というと」

「これから行く八幡宮は奈良朝の創建だと言われてますから」

「へえ」

「ご城主さまが詠まれた、きのう今日若葉となりしか杉の森、という句がのこっているんです」

殿様らしい拙い句だ。

「雨がやんだらしいよ」

「そろそろ行列が来る頃じゃない」

「お宮へ行ってみるか」

雨に濡れて白く光っている往来を八幡さまへ行ってみた。どこにさくらの木があるのか、夥《おびただ》しい花びらが路面にくっついている。

立派とも言えないが、広い境内を持った風格のある社だった。鳥居の前に大きな囃子屋台が腰を据え、世話人達が屋根のビニールを剝がしている。境内の店屋でも品物の上のビニールを取りはらっている。本殿の周りに大きなさくらがあり、雨に洗われて新鮮な色を見せている。

空は一寸晴れそうに見えたが、また雲に覆われ、どうやらもう一度ザアッと来そうである。

社殿の庇《ひさし》で心配げに空合いを見ていた裃袴《かみしもはかま》の古老に話を聴いた。

「町の外れにある熊野神社にお獅子頭が納まっとるで、それをお迎えしてこの八幡宮さまへお連れ申して来る、そのお行列がお祭りのクレエマックスだ。昔そのお獅子頭の奪い合いで町に血の雨が降ったことがあっての、お獅子頭が東勝寺という薬師さんへ逃げ込んでしまわれたことがあるだ。その時お薬師さんのご仲裁で喧嘩が納まったもんでよ、毎年お渡りの途中で、そのお寺へご挨拶に寄りなさることになっているだ。いまもそこで雨休みをなさっとるのじゃろう」

その言葉が終わらぬ間に、花火がポンポンと上がった。

「お渡りが見えたらしいの」

古老は社務所からゾロゾロと出て来た氏子総代とともに、急ぎ足で鳥居の外に出て行った。屋台の囃子があわててはじまった。

わたし達もいそいで鳥居の前に出て見た。お祭り行列はもう眼の先まで来かかっている。全員で二百人ばかりの行列だが、見物人はわずかしか居ない。空模様の怪しさも影響しているのだろうが、寥々《りようりよう》たるものである。

生憎《あいにく》と雨がまた落ちて来た。四月の雨で空は明るく、時折り雨足に陽が射してくる。

一文字笠を雨に光らせた総代の一隊が粛々と先頭を承り、守護される獅子頭も雨曝《あまざ》らしでお気の毒だが、濡れて埃を流した色がすばらしく壮麗だ。

「雨でもやるんですねえ」

「晴雨を論ぜずだよ、昔から」

つづいて若組と称する祭り衆の一隊が各組に組織されて行進して来る。あとで聴いた知識を記すと、この組織には古来厳然たる順列があって、先頭は神若組が神児車《みこぐるま》を挽いて承り、次に西若組がつづく。上若組と笹若組とは別なコースから社頭に繰り込んで来る。

たいへんに礼譲を重んじる祭礼で、例えば、神若組が西若組の会所《かいしょ》の前を通る時は、先頭に捧げ持ったダシを地に立てて
「例年の通りお先へ参りまする」

と仁義を切り、会所の年寄達が
「ご念に入りまする」

と、礼を返すことになっている。

ダシというのは各組の旗印ともいうべきもので、千成瓢簞、五三の桐、笹りんどうなどという飾り物を黒塗りの台にのせ、ダシ持役が交代で捧げ持っている。相当重いようだ。

「笹踊りが来ました」

という一人の声に、わたし達は別な方の巡幸道へ急いだ。

小雨の中に屋台囃子とは別なお囃子がきこえている。

「あれがヤンヨウガミのお囃子です」

「なに、ヤンヨウガミって」

「笹踊りの伴奏ですね。ヤンヨウ、ヤンヨウと囃すのです」

「踊るのは笹若組だけなので、昔から人気の中心になっているのです」

「ウジ虫祭りの名前もここから来ているのです」

なるほどそうらしく、見物も現金に殖えて来た。

笹の葉をつけた青竹二本に提灯を下げたのを先頭に、大太鼓が一人、小太鼓が二人、雨の中を踊って来た。全身を赤づくめに飾り、黒塗りの陣笠を被っている。口と鼻を白布で覆っている。手《てっ》甲《こう》をはめた手で撥《ばち》を叩きながら軽妙に踊って見せている。

「可哀想にのう」

「早く雨が上がってやりゃいいによう」

土地の女達がささやき合っている。

太鼓踊りを囲んで歌い手が三十人ばかり。

「あれがヤンヨウ神です」

菅笠《すげがさ》に黒の股引《ももひき》、草鞋《わらじ》穿き、白い襷《たすき》も凛々しく、身を振りながらうたって来る。なるほどヤンヨウという文句がはいっている。教わった文句を書くと

馬場先の千本松は
西東の名所よ名所よ
サーゲニモサア
ヤンヨウガミモヤンヨウ

というのだが、知識なしに聞いている分には、ヤンヨウのほかの文句はわからない。

「そろそろやるだぞ」

「この雨の中でやるべかな」

「やるだとも。やらねば罰が当たるだ」

歌が盛り上がってくると、そんなささやきが耳元できこえた。

なにをやるのか、なにがはじまるのか、唾をのんで凝視めていると、とつぜん
「やったあッ」

と誰かが叫んだ。

ヤンヨウ神の先頭が一人、大の字に路上に倒れた。つづいて二人、三人、五人、全部の歌い手が将棋倒しにバタバタと倒れた。脳溢血でも起こしたようである。

「どういうことなの、これは」

「これがうなごうじの由来なんです。一寸ウジ虫に似てるでしょう」

「なるほど」

雨は容赦なく降り注いでいる。が、倒れた若い衆達は身動きもせず、顔と身体に雨を受けたまでいる。見物もただ傍観しているばかり。国道で救急車を待っているかたちである。

笠袮の年寄が二、三人飛んで来た。一人一人の身体に手をかけて、起こしてやっている。

「あれが年行司と言ってね、あの人達が来ないと起きないことになっているんです」

「いまは道路が良くなったけど、昔は泥ンコの中へ倒れて、泥まみれになったもんですよ」

なるほどこれはめずらしいお祭りだ。

やがて全員が扶《たす》け起こされると、一行はふたたび太鼓踊りを先頭に、賑々しく社頭へ繰り込んで行った。

「これからが本当の神事です。巫女さんの舞を見に行きましょう」

皮肉にも雨が上がって来た。

「どういうことからあんな思い切ったことをやることになったの」

わたしはまだ路上の奇観が眼から消えず、訊いた。

「社史によりますとね、俳句が得意だった殿様がたいへん民主的な城主だったんで、豊年祝いに百姓達を城内に呼んで、酒を振舞い、思うさま一日を遊び暮らさせたんだそうです。で、へベレケになった百姓達がみんな帰り路に路上に酔い倒れた。そのうれしさを永く伝えようとしてはじめたものだと書かれてあります」

「だから酒《ささ》踊りが本来の名なんじゃないでしょうか」

「ヤンヨウ神というのは」

「それだけがまだハッキリしていないんです。今日は一つその根元を探究しようと皆で言い合っているんです」

雲間から陽が射して来た。

「上がったらしいの」

「さあ、これで今夜の祭りは賑わうぞ」

「あちこちでウジ虫が出るだあ」

ビニールを剥がしながら、露店商人が晴れやかに喋り合っている。着飾った小娘達も集まって来た。

渥美湾の海風を南に受けた三河穀倉らしい長閑なお祭りである。

尾張熱田のオホホ祭り

五月の御園《みその》座は扇雀と山本富士子の初顔合わせで凄い人気だった。わたしの作の源氏物語で扇雀は光源氏を演《や》り、富士子は明石の姫を演った。二人の熱気に煽《あお》られてわたしも少し早く名古屋へ行き、平稽古から立会った。稽古をはじめると若い二人よりわたしの方が熱気を上昇させて、舞台稽古の日は相当な興奮状態だった。

舞台稽古の段取りは、最初は全俳優楽屋着のままで稽古を通し、二度目は衣裳をつけて初日通りの稽古をすることが例になっている。その衣裳つけの間にわたしは土地の知人達と食事をしたり、お茶をのんだりすることを例にしていたが、今日は名古屋まつり同好会の山中ユキさんが稽古を見に来て、イキぬきにお祭りを一つ見に行きませんかと誘われた。お祭りと言われると弱い。

「行きたいけど、一時間しか休憩がないんだよ」

「大丈夫です。近い所ですから、八時までにはキットここへ返ってもらいます」

まだ心は決まらず、半分半分の気持でわたしは訊いた。

「いま頃お祭りなんかあるの」

「あまり有名なお祭りじゃないんです。オホホ祭りという」

「オホホ祭り。なんだよ、それは」

「いらっしゃればわかりますよ」

もう負けである。奇妙なその名に惹かれて、わたしは女史の運転手するクルマに乗ってしまった。

連れて行かれた先は町外れの熱田神宮だった。

「なんだ、熱田神宮かい」

近いワケである。

「ちょうどいい時間なんですよ。もう三十分遅くお稽古が終わったらダメだったんです」

「天佑《てんゆう》だね」

「ええ、天佑神助《しんじょ》です」

ワハハとわらって、ザクリと砂利道に靴を入れた。まっ暗だ。昼間はなん度かお詣りに来たが、夜ははじめてである。

「いやに暗いね」

「まっ暗な中での神事ですから、はじまる前に電灯を全部消してしまうんです」

「じゃ、もうはじまるとこだね」

「はじまってるかもしれませんわ」

ザクザク、ザクザクと参道をいそいだ。われわれのほかに参詣者はない。心が急ぐため、本宮までがイヤに長かった。

「お詣りはあとにして、すぐ斎館の方へ行きましょう」

斎館というのは本宮の向かって右の林の中にある神官屯所である。依然としてまっ暗で、深山のような森閑さだ。

「あ、もうはじまっています」

声をひそめて女史が教えた方向の林の中に、白衣の影がボンヤリと見えた。

「ここがお祓い所なんです。出発前の潔斎《けっさい》を受けているんです」

低い声で女史がささやき、跫音《あしおと》を忍んでその場に近づいた。なんだかわるいことをしているようである。

暗に慣れた視野に十人あまりの白衣の列が見えた。祝詞《のりと》がはじまり、皆頭を垂れている。

やがて白衣の列が林間から参道に流れ出した。古代履《ぐつ》の音を忍ばせて粛々とあるいてゆく。咳一つきこえない。

わたし達もそのあとから黙々とあるいた。

行列は本宮を背にしてわたし達がいまあるいて来た参道を外に向かってすすむ。

参道の途中に二の鳥居がある。それを右折して西門の方へすすんだが、その西門も潜り抜けて国道に出てしまった。東海道一号線国道で、自動車が激しく往来している。せっかく浄化された心がまた現実にひき戻された。

熱田署と書いた提灯が路傍に見え、それは神事のための出張警官だった。

警官によって国道の自動車がピタリと停められた。運転手達がなんだろうと首を出している。白衣の列は悠々と国道を横断して行く。行列がわたしの心の裡《うち》で権威を帯びて来た。

「相当重要な神事なんだね」

「ええ、奈良朝時代からつづいているそうですから」

わたし達も遅れじと国道を横切った。

行列は住宅街へはいってゆく。通勤帰りの人が怪《け》訝《げん》な顔で立ち止まっている。

国道からものの百米《メートル》もあるいたかと思われる地点に、一ところ小暗い一角があった。周りの住宅も消灯に協力しているのか、不思議なほどまっ暗である。

「影向間《ようごのま》社《しゃ》というお宮です」

なるほど、小さなお宮があるようだ。

白衣の神官は祠《ほこら》に向かって二列に対《むか》い合った。一人が祠の前にすすんで跪坐《きざ》した。なにか手を動かしているが、全然わからない。あとで読んだ神事記を引用すると、それは

笛役一員神前ニ進ミテ面筥《めんばこ》ノ封ヲ解ク　次イデ上臈《じょうろう》ヨリ一員ヅツ神前ニ進ミ出デ　笛役ノ授ケル神面ヲ装束ノ袖ノ中ニ受ケテ隠シ持チ　各復座スル

次イデ下臈《げろう》二員神前ニ進ミテ蹲踞《そんきょ》　コノ時左右ノ祭員相寄ッテ半円形ニコレヲ囲ム

次イデ下臈二員中啓ニテ神面ヲ袖ノ上ヨリ軽ク叩クコト三回　一回毎ニオホホト唱エル

ということらしい。

このオホホだけが低く聴覚に届いたが、視覚にはなに一つ触れて来ない。灯明《とうみょう》一つ点《とも》さない暗黒の神事である。

次イデ二員相対シテ蹲踞シ　同様ノ所作ヲ行フ

次イデ笛役タロリート笛ヲ吹ク　全員大声デ三度笑フ

胸を張り空を仰ぐようにして

オホホ　オホホ　オホホ

と、わらい上げる声が今度はよくきこえた。

ただそれだけの神事だった。行列はまた元の道を国道に出、警官の提灯に守られて、西門に戻って来た。

稽古の時間にはまだ間があるので、わたしはまた行列について神域に戻った。なにかまだあるのだろうと、いささか期待を抱きながら。

しかし、期待は外れ、神事の上に飛躍はなかった。神事と芝居はちがうらしい。

西門をはいった行列は、森閑とした参道をまた本宮に向かった。そして、神楽殿の前で、影向間社とおなじ神事を行ない

オホホ　オホホ　オホホ

と、笑い声をあげた。

これで終わりかと思ったら、また行列は動き出した。また参道を逆行して、どこまでもあるいてゆく。二の鳥居をくぐって、さらにすすむ。一の鳥居が国道の明かりでほのかに姿を見せはじめた辺りでやっと停まった。そこにまた小さなお宮があった。

「八剣《はっけん》の宮というのです」

そこでまたオホホ、オホホが行なわれた。そして、またあるき出した。

「いったい何ヶ所でやるの」

少々じれ気味でわたしは訊いた。

「あと一ヶ所です。清雪門という所でもう一度わらって、それでお仕舞いです。なんだったらキケンなさいますか」

「いや、こうなったらイジにでも最後を見届けるよ」

相当足が草臥《くたび》れている。朝からの稽古で全力投球した上でのこの強行だから無理もない。林の梢《こずえ》で寝鳥達がオホホとあざわらっているかもしれない。

女史は責任上時折り暗光時計を覗いていたが、少し不安になって来たか、清雪門の見学はわたし一人にして、一の鳥居前へ自動車を用意しに出かけた。

「お疲れになったでしょ」

運転しながら女史が言った。

「まだこれから徹夜の稽古があるんだよ。たいへんなイキぬきだった」

「すみません」

オホホとわらっている。わたしも自分をオホホとわらいたくなった。

「いったいなんだよ、あの神事は」

「三種の神器の中の草薙剣《くさなぎのつるぎ》が一度内裏《だいり》に持って行かれたのが、また熱田へ還って来たので、その時みんなで歓喜したそれが神事となって残されたというんですけど」

三種の神器という言葉を久しぶりに聞いた。そうそう、そう言えば、その中の剣が尾張の熱田神宮に納め奉られているという話を、子供の頃から何度も校長先生に聞かされたっけ。

御園座では全俳優が衣裳をつけてわたしを待っていた。生きた王朝絵巻のような絢爛豪華な舞台を満足気にながめながら、フト、おなじ町の中に、明暗二つの世界があることがウソのように思われた。舞台稽古にクタクタになっている身体で、よくも莫迦《ばか》々々しく、延べ一キロはゆうにある神域をあるきまわったものだと、わが稚《おさ》なさを嗤《わら》いたくなった。

しかし、いまこれを書いているわたしの心の裡には、漆黒の砂利の上を黙々とあるいてまわり、厳粛な表情でオホホ、オホホとわらい上げていた神官の姿が、五月の夜の美しい抒情詩となってよみ返って来ている。

神事のほんとうの名は酔笑人神事である。　えようどと読む。

奥近江の大凧揚げ

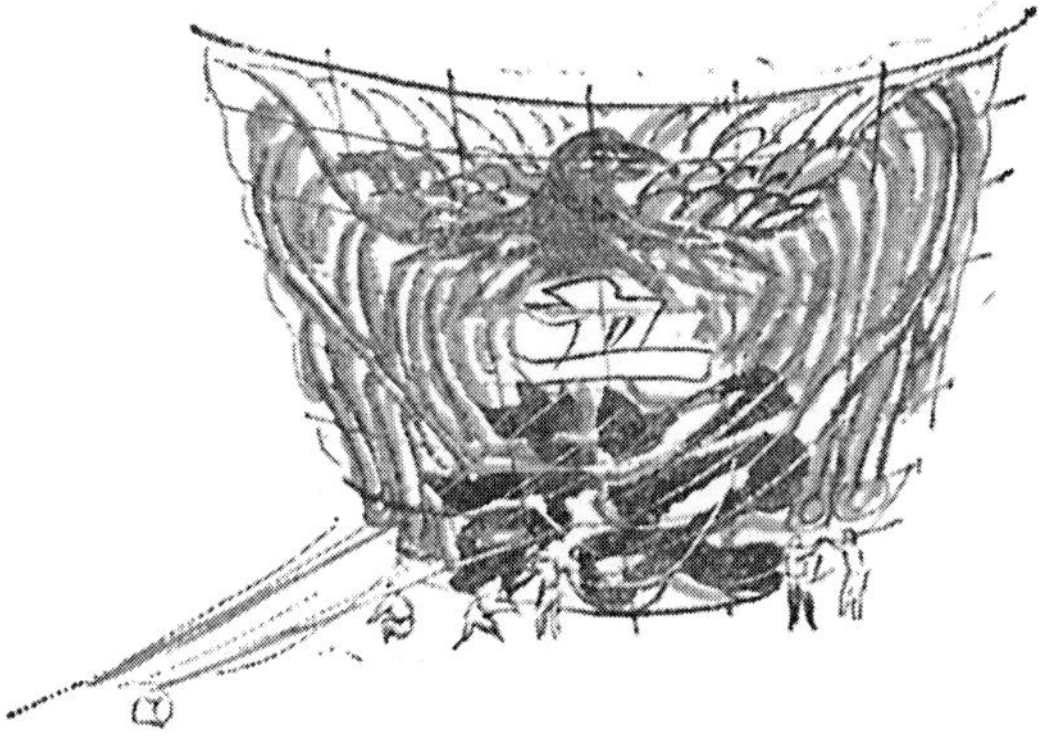

拝復　お問合せの当市凧揚げの件　本年は五月四日午後一時より聖徳中学校校庭にて挙行いたします　匆々

往復ハガキの返片が滋賀県八日《ようか》市《いち》市役所から届いたのを読んで、〆めたとわたしは北叟《ほくそ》笑んだ。名古屋の芝居の初日は二日である。初日と二日目の舞台を観てやって、その次の日八日市に行けばよい。

その予定通り芝居が固まって、八日市行きの朝はもったいないくらいな好晴になった。まつり同好会を代表して、会員達からユキさんと愛称されているご婦人が案内役を勤められることになり、自動車を自分で運転してホテルへ迎えに来てくださった。

名古屋にはまつり同好会という集団があって、なかなか活発に活動している。本格的な機関誌も発行され、会員達の祭りを見る眼も学究的で好感が持てた。主宰者は病院の院長さんということだが、始終全国の祭り行事を見に出かけ、どうもあれでは患者達が困るだろうなと、よけいな心配をいつも感じさせられる。もっとも今一人院長格の人が身内に居るらしく、電話口へ出た人が、病気のほうですか、お祭りの方ですかといつも訊く。ユキさんもそうした時間の自由を持つ恵まれた一人かもしれない。

名神高速道路を西に向かって駆けった。

五月晴れの町屋根に鯉幟《こいのぼり》が泳いでいる。

市をはなれて在《ざい》にはいると、萌え出たばかりの若葉を対色に、いよいよ鯉の色彩が新鮮になった。山々はもうこれ以上美しくは粧《よそお》えないと言わんばかり、淡緑をかがやかせている。美濃の国に入り、関ヶ原の古戦場にかかると、その美は頂点に達した。

八日市という町をわたしはまだ訪れたことがない。いつか永源寺の紅葉を見に行った時、町を通り抜けた筈なのだが、一向に記憶が残っていない。古格を持った落ち着いた町で、招福楼という風雅な料亭があるということもかねてから聞いていたが、東海道線から遠くはなれているので、その外貌すら望見することなしに今日まで来た。

町誌によると、ずいぶん古い町らしく、聖徳太子が大阪の四天王寺を造営した時、その瓦を焼かせたという伝えがある。それだと一千年以上の歴史を持つわけだ。毎月八日に市《いち》が立つところからその町名があるのは、他所の土地とおんなじだが、四日市や三日市ほど高名でないのは、国鉄の駅を持たないためだろう。現在も月に九回市が立ち、近郷近在の人を集めているというから、過渡的地方都市形態がいまなお濃く残されているのであろう。昔ながらの大凧揚げが、町の誇りとして後生大事につづけられていてもけっして不思議ではなかった。

伊吹山の裾を過ぎると琵琶湖が見えた。春の遅い彦根の町もどうやら春を見送ったらしく、城山の白壁が明るい陽を返している。湖の向こうに比良《ひら》山《さん》がクッキリと姿を見せている。ほんとにいい天気だ。凧揚げはさぞ賑わうことだろう。大小無数の絵凧が青空に覇を競う姿を想い描くだけでも胸が躍る。

わたしは子供のように凧が好きである。諸国を旅して買い集めた絵凧が、郷土玩具といっしょに家中に氾濫している。玄関には長崎のオランダ凧、書斎には三河の天神凧、客間には越後の六角凧というふうに。いっとう豪華なのは東南アジアで買って来たタイの雲竜凧で、長さ三米《メートル》、これは廊下の天井にながながと貼りつけてある。そのよこに初午《はつうま》に買い替えた王子の火よけ凧。東京の王子稲荷にいまもまだ凧市の立つことを知っている人は多くあるまい。

そんなわけで、近江の国の八日市宿に江戸時代からつづいた大凧揚げ行事のあることを、わたしはかねてから物の本で知っていた。

ユキさんが携行してくれた郷土誌を抜き読みすると

天保十二年　縦横七間の大紙鳶を調整し　沖野ヶ原に於て飛揚せしを　大鳶揚げの嚆矢《こうし》とす

とあり、さらに

飛揚には紙鳶元三十人　章魚《たこ》持二十四人　走り役百二十人　糸元二十人　雑役六人を要す

と記されているから、相当大規模な凧揚げなのだろう。

もう一冊の新聞スクラップ帖には

現在の大凧は大きさ約百畳あり、八十本より百本の青竹を立て、五キロの糊を使いて上等の和紙を張り、数十本の麻紐を結んで、この重さ約十キロ、総重量二〇〇キロを延べ二百人の手で作り上げる。

という記述があり、凧揚げのわらべ唄まで紹介されてある。写して置こう。

風の神様風おくれ
揚がったら返すで皆おくれ
大凧小凧揃てても
風が吹かんと揚がらんで
風の神様風おくれ

全町総出の凧揚げ風景はさぞ見事なものであろう。

「もう揚がってるんじゃないかな」

「だったら、もうそろそろ見える頃ですね」

わたしは眼を皿にして野の空を凝視しつづけた。野の果てには忍者の住んだという甲賀の山が遠くたたなわっている。

五《ご》箇《か》荘《しょう》の辺りで高速と別れ、永源寺街道を急いだが、町が見え出しても凧の影はまだ見えない。間に合ってよかったと思った。が、町にはいっても凧揚げ見物らしい人流れは見当たらない。大通りは市日で一応賑わっていたが、一つ横に折れると、昔風の家並から物静かな琴の音などがきこえて、どこに凧揚げなどあるのやといった表情である。

招福楼はすぐ見つかった。白砂を敷きつめ、光悦垣をあしらった茶庭を前にした数寄屋座敷に通され、とりあえず匂《かぐ》わしい茶を供された。

役場に問い合わせて貰うと、程なくはじめますという返事があった。やっぱりあるのだ。よかった。

さいわいとこの高級料亭では、調理に小一時間を要するとのことなので、待つ間の凧揚げ見物というかたちでまた自動車に乗り、教えられた町外れの聖徳中学校の校庭に出かけた。往年の揚げ場所沖野ヶ原は戦時中飛行場になったと聞いたが、どの方角なのだろうか。どっちを見ても着陸ができそうな広い野面《のづら》である。

中学校は町の外れに在った。校庭と言っても境界があるわけじゃなく、ひろびろと野につづいている。校舎に遠い方は小松原が小半町もつづき、その下は青草が褥《しとね》のようになっていた。その上に足を投げ、名古屋名物納屋橋饅頭を、お茶なしでムシャムシャと頬張りながら刻を待つことにした。

どっかで鳩が啼いている。雲雀《ひばり》の声もときどき眩しく落ちて来る。

三十分ほど経ったが、視野の内にはなんの変化もない。体操をしていた生徒が校舎に姿を消すと、校庭はまたヒッソリカンと静まって、わたし達のほかはなんの人影もない。

「ノンビリしたもんだなあ。いつ揚げるんだろう」

「間もなく揚げるっていう返事だったそうですけどね」

「それにしては見物の顔が見えないな」

「場所がちがったんでしょうか」

「ちがったって見えるわけですよ。空に揚がるんだから」

バイクの音がきこえた。役場の人間らしいのが埃りを立てて畑の中を近づいて来た。が、校庭に入り、わたし達を探すように一瞥《いちべつ》すると、そのままクルリと校庭を一周して、また元の道へ引返してしまった。

「なんのためにやって来たんだろう」

「へんな人ですね」

「役場の人間みたいだったな」

「わたし達が来てるかどうか、検分に来たんじゃありません」

「どういう必要で」

「想像ですけど、なにかの事情から凧揚げができなくなったので。でも、ハガキで問い合わせた人がわざわざ遠くから見に来ていらっしゃるし、招福楼へも揚げると明言してしまったし」

おもしろい推理をする人だ。

「なるほど。でも、こういうふうにハッキリと日と時刻を報せて来てるんだから」

「その時刻がもう一時間以上遅れているでしょう。とにかく見物人が集まって来ないというのが一寸《ちょっと》ヘンですよ」

「一寸じゃない。大いにヘンだ」

また小半時間経った。依然として人は集まらない。唱歌教室でおお牧場はみどりのコーラスがはじまった。

「なにかあるね、これは」

「役場と凧組との間になにか手ちがいがあったんですよ。それできっとゴタゴタしてるんですよ」

しかし、どうしようもない。草に寝ころび、空を見ながら、なにかの報せを待っているほかはない。お腹も減って来た。

先刻バイクが来た方角に小さなトラックが見え出した。こっちへやって来るらしい。

校庭にはいって来て、停まった。五、六人の人間が大きな簀巻みたいな円筒物を抱えて乗っている。一人一人がわたし達の方に強い視線を送りながらトラックを降りた。

簀巻が校庭に転がされ、皆の手でひろげられた。凧だ。

手分けをして凧のシンシ張りをはじめた。一人は大きな糸巻を手繰《たぐ》って糸を調べている。凧の絵柄は鷹が両翼をひろげたようなものだが、思ったよりも小さく、あまり颯爽とした凧ではない。

休み時間の生徒が見に出て来た。そのほかは、依然としてわたし達だけだ。

やがて、年配のが一人近づいて来た。

「あんた方でっか、鎌倉から凧を見に来た人は」

「そうです」

「今日は皆忙しゅうてな、なかなか手が集まりまへんのや」

「そうですか」

「けど、せっかくやさかい、仕事休んで、これから揚げて見せます。あんた方だけのためにな」

礼を言うべきスジではないから

「それはそれは」

「そのかわり小さい凧だっせ。大凧が見たかったら、倉庫にはいってるよって、帰りに寄って見とくなはい」

このせわしい時代に、なんという後生楽な人間だと言わんばかりの顔で、凧の方へ行った。

ともかくも凧がととのった。さいわいと風も吹いている。

わたし達は揚げ場の方へ居を移して、貸切りの凧揚げを拝見することにした。

機が熟し、凧の持ち手達が、空に向かって凧をハネ上げた。

凧は呻《うな》りを生じて虚空《こくう》に舞い上がった。さすがに見事である。ぐんぐんと空に突き入ってゆく。

が、中空には強い気流があったらしく、凧は大きく振幅を描きはじめた。気のない操作をしていた揚げ手の顔が急に緊張した。援《たす》け手が駈け集まった。

が、凧は駄々っ子のように頭を振りつづけ、急角度で左斜めに空を落ちて来た。

揚げ手全員がまっ赤な顔になった。死物狂いで糸を引いている。はじめからこんな顔で揚げればよかったのに。

手慣れの腕で凧はもう一度空の正位置に戻された。

が、揚げ手の手が減ったトタン、またもや、今度は右斜めに大きく傾いた。

「あっ」

揚げ手達の狼狽の声と、松原の上に凧が急落下したのとが同時だった。

凧は松の尖端に絵を突き刺されて、見るも無惨に大破してしまった。

「しもた」

「エライことした」

全員が重い足取りで遭難凧の下に集まった。トラックが呼ばれ、その上に乗っかって救出がはじまった。が、凧の突っ込みは深く、これが取り外しは凧揚げよりも時間がかかりそうである。

わたし達は凧に弔意を送って自動車に乗り、湖国料理の待つ招福楼にいそいだ。役場に於ける凧騒動を劇的に空想し合いながら。

凧の事情は招福楼で言わなかった。ただニヤニヤとわらっていた。

翌る朝早い汽車で大船に戻った。家の敷居を跨《また》ぐと、来客が靴を穿《は》いているところだった。厚木に住んでいる知人で

「今日は子供に凧を見せてやる約束があるんで、ユックリさせて貰えないんですよ」

と言う。

「どこで揚がるの」

「相模川の新戸河原です。百五十畳敷の大凧です。一度見に来てくださいませ」

「よし、いまから見に行こう」

客はビックリした顔をした。

さいわいと運転手が庭の井戸で水をのんでいたので、トランクを玄関に放り投げ、客を促してもう一度乗り込んだ。

「困ったパパねえ」

家の者共がクスクスとわらいながら乗って来た。

新戸河原までは自動車で三十分足らずである。

今度は大勢の見物人が集まっていた。氷店やオモチャ店まで出ている活況だ。ひろい河原に大凧が寝かされ、蟻みたいに人間がとっついている。五十人くらいは居るかな。

空に揚がったのを見るとさらに立派であった。

遠路はるばると奥近江まで出向いて見られなかった大凧を、わが家とは眼と鼻の空にながめることになった。当分わらい話にされることだろう。

相模大磯座問答

「キミは日本中の祭りを見てあるいてるそうだが、座問答《ざもんどう》という奇祭を知ってるかい」

「知らないね。どこのお祭りだ」

「大磯だ」

「えっ」

大磯は眼と鼻だ。窓から見える位の近さだ。

ダメだねえ、えらそうなことを言ったってと、ケイベツは表情だけで見せておいて
「すぐ支度したまえ。正午キッパリにはじまるから」

「今日のかい」

「そうだよ」

「困ったな」

いそがれている原稿に眼を落としたが
「いいよ。原稿は帰って書ける。祭りは待ってくれない」

その通りだ。お祭りは馬の鬣《たてがみ》の如しだ。

「早くしたまえ、日本一と名のつく祭りだから」

「日本一。どういうイミで」

「見たらわかるよ」

とうとうクルマに乗せられた。空《から》梅雨で空は大丈夫だが、野の緑は仕事に疲れた眼にはもう重かった。


大船から大磯までは半時間とかからない。馬入川《ばにゅうがわ》を越え、花水川《はなみずがわ》を越え、高麗山の下を大磯の町にはいる。


「町の中なのかい」

「もう少し先だ」

わたしの日本一好きなハンペン屋の前を過ぎ、西行法師の鴫立《しぎたつ》沢を過ぎた。吉田茂邸も過ぎた。ドロンとした梅雨空に箱根の山がボンヤリと輪郭を見せて来た頃、急にカーブを右に切って、海岸線を山の手に折れた。山と言っても丘陵に毛の生えた位の低山だ。皆、重い緑に覆われている。


野の道に宮幟が白く見えて来た。六所神社と刻んだ石が立っている。やっぱり祭りなんだなと思っている内に、一村を挙げての祭礼の構えがグングン近づいて来た。数十軒の店屋が出ている。囃子台が出来ている。子供が着飾ってあるいている。経木の海水帽を笠がわりにした氏子連中が、裃袴《かみしもはかま》で山の方へあるいてゆく。思ったより規模の大きなお祭りらしい。

「ふうむ、気がつかなかったね、こんな所にお祭りがあったのを」

「ここは大昔、相模《さがみ》の国府があった所だ。あの頃の政治は神を主体にしていたから、国内の神をあつめた総社を作ってさかんなお祭りをしたんだ。その名残りが今日の国府祭りなんだ」

「なるほど」

「東北や九州の果てをあるきまわって、隣組の祭りを知らないテはないよ」

なにを言われても返すコトバはない。

参道脇の広場へクルマを駐《と》めて、どんどん人の行く丘の方へ近道をあるいて登ることになった。

草深い小道にウツギの花が白くこぼれ、草いきれがもう真夏の暑さだ。チラホラと山百合の花も眼につく。

「神揃《かみそり》山というんだ」

登りつくした所の平担地にお神《み》輿《こし》の幄舎《あくしゃ》があり、五つのお神輿が眩ゆく到着していた。なるほど神揃山だ。

「右の方から一の宮、二の宮、三の宮、四の宮、五の宮の順だ。一の宮は茅ケ崎《ちがさき》の奥の寒川《さむかわ》神社で、二の宮は国鉄二宮の川勾《かわわ》神社だ」

あとの三つも社名を言ったが、世話人らしい老人が群集に向かって演説をはじめたので、よく聞かなかった。

群集は団体であるらしく、草地の一等特等席に陣取ってご持参の弁当をたべている。その背後を土地の見物人が取り巻き、やはりピクニック気分で子供にキャンデーを買ってやったりしている。陽は射していないが、空は眩しく、もう完全な夏日影だ。

草地の中央に苗床みたいな斎庭《ゆにわ》があって、四角に剣鉾が突きさされ、注連《しめ》が張られてある。ティーテーブルみたいな祭机が一つ、ポツンと置かれてある切りだ。

わたし達もキャンデーを手にして、山ツツジの蔭に座を占めたが、老人の演説は思いのほか真剣だった。口を動かしながら聞いている群集を相手に、場違いな家庭裁判の話などをはじめ、人の忠言を無にしてはならない、調停者の言を容れ、仲直りの潮時を失するなどと教えている。

「なんのためにあんなことを熱心に喋ってるんだろう」

「今日の祭りにツナガリがあるのさ」

キャンデーを嘗めながらわらっている。

神官の群れが幄舎から出て来た。

「はじまるぞ、日本一の祭りが」

群集はさすがに食事を中断して、静粛に座を正した。

神官は五人。五社から一人ずつという編成だろう。ほかに烏帽子《えぼし》をつけた社人が一人、虎の皮の敷皮を二枚携えて供奉《ぐぶ》している。

なるほど、正午キッパリにはじまった。型通りのお祓いが行なわれる。それが約二分間。終わると一の宮の神官が社人に眼合図をした。

社人が頷いて虎の皮の一枚を斎庭の中央に敷いた。一の宮の神官が感謝するように頭を下げた。

今度は隣の二の宮の神官が、社人へ、一の宮とおなじような眼合図をした。

社人がまた頷いてあと一枚を前のと並べて敷いた。二の宮の神官がお辞儀をした。

「前の奴より少し前に敷いたろう」

「うン。どういうわけなんだ」

「まあ、見ていたまえ」

一の宮の神官が社人へまたなにか注文した。

社人は頷いて、一の宮の敷皮を二の宮のより前にズリ出させた。

「一の宮が怒ったんだ。二の宮より前に出せと命じたんだ」

今度は二の宮がおなじことを社人に命じた。社人は黙々と敷皮を前にズリ出させた。

「二の宮が怒ったんだ。一の宮より前に出せと言ったんだ」

と、一の宮がまた抗議した。社人は黙々と一の宮の敷皮を前にズリ出した。

その間ずっとパントマイムである。笛一つはいらず、コトバ一つはいらない。

見物は莫迦《ばか》にされたような表情でながめている。

三人目の神官が一歩前へをして、はじめて口を切った。

「いずれ明年まで」

その言葉が厳かにひびくと、神官一同深く頭を下げた。

「三の宮が仲裁にはいったんだ。これでケリがついたんだ」

「…………」

そう言えば社人は二枚の敷皮を手に戻して、さっさと幄舎の方へ運び去っている。神官もそれにつづいた。

「これからどういうことになるんだ」

「これでお仕舞いだよ」

なんというアッケないお祭りだ。

「いずれ明年までというのはどういう意味なんだ」

「一年の間に、互いによくかんがえてみろということなんだ」

老人の演説が思い合わされた。

草いきれの小径をどんどん降りながら
「相模の国が一つに統合されるためには、長い間土民の闘争が繰り返されたんだ。それをふたたび繰り返すまいための祭り行事を毎年やろうということになったんだ、それがこの神事なんだ。おおらかでなかなかいいじゃないか。おれは好きなんだ、このバカみたいな行事が」

「でも、どうしてこれが日本一なんだ」

「日本一短い祭りさ。はは。……ビーチホテルへ寄ってビールでものむか」

吉野山の蛙飛び

「お客さん、柿《かき》の葉《は》鮓《ずし》を上がりますか」

茶を入れに来てくれた女中が訊いた。

「ああ、食べてみたいね」

朝の散歩で茶店の店先にその名を書いた紙が貼られてあったのを思い出した。広縁の籐《とう》椅子に座を移して、それを食べた。大きな柿の葉を二つ折りにして、品の良い鯖《さば》鮓がつつまれてある。柿の葉の香気が鯖に溶け、すがすがしい風味だ。今日の蛙飛び行事のために作られたもので、なん日か前から押してあるのだそうだ。蛙と柿の葉がどういう因縁で結ばれているのか、知りたいと思った。

吉野の谷は都に一ト月おくれて、いまが若葉どきだ。宿は高い崖の上に在るので、山々と谷々が一望の中にはいる。それが全部若い緑に覆われている。雨上がりのためひときわ色が冴えて見えた。

昨夜電車で吉野川をのぼった時は、下市も上市も灯が点《とも》っていたが、吉野口の終点から自動車で山に登ったら、まだ山の上は空の明かりであかるかった。風呂から上がり、縁でお茶をのんでいる頃、やっと山が暗くなり、落日のあとの西の空に葛城山《かつらぎさん》がクッキリと頂線を見せていた。

宿にはわたしのほか一人の客もなく、花どきの騒擾《そうじょう》を極めた山とは別な山のようである。落ち着いて仕事ができそうだ。逃げて来てよかったと思った。

夜中に雷が鳴っていた。山を崩さんばかりの凄い雨音だった。朝、蛙飛び行事の刷り物を持って来てくれたおかみさんが、これで梅雨が明けましたと言った。

蛙飛びは蓮華会式と呼ばれ、今日の午後、宿の近くの蔵王堂で行なわれる。刷り物を読むと

金峯《きんぷ》山寺《せんじ》蔵王堂は役《えん》の小角の開創にて　古来天台修験の大道場として栄え　蛙飛び行事は修験行者の法力を示す行法の一つなり　行事終了とともに　一山の大衆は雲深き大峯山へ練行に出発する

とある。それが蛙飛びとどういう関連にあるのか、よくわからなかった。

それがわかったのは、お鮓を食べすぎた腹減らしに竹林院の方へあるきに出かけ、前の茶店の老主人と喋った時だ。

「いまから九百年ほど前の白河天皇さまの御代に、一人の不心得な男が山伏にまじって大峰山へ登りよったんだす。日頃から神仏を莫迦《ばか》にしとった奴でして、山の上に着くなり、蔵王権現やたらなんやたら、えらそうなこと言いよっても、これだけ悪事をやって来たおれを難なくこ

こまで登らしよったやないか。神力仏力ちゅうたかてええ加減なもんじゃわいと、大声でアザわらいよったんだす」

途端に空がまっ暗になり、山を動かす雷鳴とともに、大きな鷲が虚空《こくう》から舞い降りて来ると、その男を銜《くわ》えて谷の窟へ連れて行ってしまった。恐怖に怯えたその男はガタガタ慄《ふる》えながら、暴言を平謝し、真人間に立ち返ることを神仏に誓って救いを求めたので、金峯山寺の高僧達が、では、赦《ゆる》してやろうが、人間の身ではとても降りては来れまい。蛙になって降りて来いと、大慈大悲の法力によって男を蛙に化けさしめた。

「そいでやっと蔵王堂まで降りて来よって、もう一ぺん性根を確かめられた上、人間に戻してもらいよったんだす。その大慈大悲の法力を実演によって大衆に見せようちゅうのンが今日の蛙飛び行事ですのや」

どうやらわかって来た。

「いまに見てなはれ。竹林院から大きな蛙が輿《こし》に乗って担ぎ出されて来ますさかい。それがその男の懺悔《ざんげ》姿ですわ」

こうなると仕事どころではない。好機を逃さず見て行くことにして、茶店の床几に腰を落ち着けた。

吉野山もここまで登ると冷え冷えと巒気《らんき》がただよい、初夏ともおぼえぬ小寒さだ。さすがにカメラマンのようなのが一人二人来ているが、里の人は一人も姿を見せない。ヒッソリとした行事ではある。

やがて輿が担ぎ出されて来た。輿と言っても名ばかりで、丸太ン棒を組み合わせた上に、盆踊りの歌座をのせたような素朴な輿である。縫いぐるみの、頭のでっかい、ユーモラスな青蛙が乗っかっている。担ぎ手は十人くらい。蛙と一緒に乗った太鼓が、リズムのない間の抜けた撥音《ばちおと》を山にひびかせる。

　浮かせ　浮かせ
　浮かせ　浮かせ

担ぎ手の若い衆が、店のある所だけ、景気良く声を上げて、輿を揉んで見せる。バスの車掌の鞄みたいなのを肩にかけた男が一人、そのあとからついてあるき、店々で祝儀らしいものを貰っている。

ブラブラといっしょについて山道を降りた。

わが宿が休憩場所になっているらしく、おかみさんはじめ家族と従業員が出迎えて、ビールやジュースを振舞っている。蛙役は大きな口から顔の下半分を出して、世話人にジュースをのましてもらっている。

やがてまた蛙の輿は急坂を蔵王堂のある町心の方へ降りて行った。太鼓の音が遠去かってゆくのを籐椅子で聴いていると、ひどく牧歌的な心境になって来て、急がれている仕事にかかる気がわいて来ない。

午後、行事がはじまる時刻を報せてもらって、また宿を出、蔵王堂へ降りて行った。

町にはいってもべつにお祭り気分はない。わざわざ祭り見に来ているような客の姿も見当たらない。

法螺の音が下の方できこえ出した。

ケーブルカーの終点の方から、物々しい行列がやって来る。吉野葛屋の庇《ひさし》に避けて、見物することにした。

高僧と思われる金襴法衣の僧侶が約二十人、神輿《みこし》に従い、桶にはいった蓮の花を守って来る。そのあとに山伏が数十人、氏子が数十人。物々しい行列だ。

「役の行者が生まれはったちゅう御所《ごぜ》市の茅原池から、土地の人が蓮の花を八十本、蔵王堂へ納めに来るのだす。それをいま山の人達が迎えに行って来たのだす」

交通整理に派遣されて来た年配の巡査が、手持無沙汰顔で教えてくれた。

「蓮華会式ちゅうてな、明治の頃には蛙飛びと別々の行事やったそうですわ」

法螺の音が厳かな雰囲気を往来につくりながら、次々と前を通り過ぎる。山伏の中に見覚えのある顔が一人眼にとまった。どこかで見た顔である。行列について蔵王堂の石段を登りながら、やっと気がついた。朝憩んだ竹林院前の茶店の主人だった。

蔵王堂はいつ来て見ても見事な伽藍だと思う。案内記によると金峯山寺は全国に十万の末寺と百万の修験者を持っていたそうだが、その数の詮索はともかくとして、山伏行者が古来信仰の拠点として尊崇して来た森厳さは、厚い扉と太い柱に強く表徴されている。今日はその回廊に読経の座が作られ、石段下に蛙調伏の座が設けられてあった。案内記には内陣に飛び跳ねる蛙の写真が載っているが、見物の便のため、青天白日の下に調伏《ちようぶく》の場を移されたものであろう。堂と対《むか》い合った境内の広場には、行事の後に焚かれる大護摩が高く築かれてある。

さすがに土地の男女が数十人、行事見物に集まって来ている。物売り屋も姿を見せず、大峰山から吹き降ろす山風が颯々《さつさつ》と大屋根をわたり、心が青く染まるような清澄な行事の場だ。

心たのしく堂の外構を見てまわっていると、裏手の回廊の下で、町回りをすませて来た先刻の蛙が仲間に手伝われて縫いぐるみを脱いでいた。脱ぎすてられたのを別な一人が着せてもらっている。脱いだのは少年で、着たのは青年だ。いよいよ本舞台というので、役者交代というところらしい。

法螺の音が清涼にひびきわたり、堂内の勤行《ごんぎよう》を終わった一山の僧侶が回廊に出て来た。老僧は堂を背にして正面の椅子にいかめしく並び、以下の僧は石段の両側に対かい合って坐った。その背後に数十人の山伏がズラリと侍立《じりつ》した。遠来の蓮の花がその背景に飾られてある。

蛙の座には、いつ這い出て来たか、縫いぐるみの大青蛙が両手を突き、平伏している。

「去年までは内陣でやったんやがなあ」

「この方が撮し易うてええわ」

カメラマンがささやき合っている。

行法がはじまった。見事な声明《しようみよう》だ。山伏も、見物人も、カメラマンも、大蛙も、しばし息をひそめて誦経《ずきよう》のリズムに溶け入った。山風もしばし音を止め、濁世の悪を追う不滅不壊《ふめつふえ》の呪法に聴き入っているようである。

読経が終わると、主僧がサッと檜《ひ》扇《おうぎ》をひらき、大蛙を招いた。待っていましたとばかり、大蛙が座を跳び上がった。石段に渡された板の上に踊り上がり、主僧めがけて跳びかかろうとした。が、法の功力はそれを許さない。見えざる手によって突き押されたように、板の上へ転倒する。また起き上がって跳びかかろうとする。突き押される。転倒する。その動作を何度か繰り返す内、跳躍の力が次第に弱まり、力尽き果てたさまにうずくまってしまったのは、法力によって人間復帰を許された表現であろうか。轟然《ごうぜん》と吹き鳴らされた法螺の合奏とともに、蛙飛びの行事は終わった。

ただそれだけの行事である。しかし、大蛙の芝居は相当なものだった。次第々々に力を失ってゆくイキなど大した演技力である。

護摩のはじまるまでのひとときを、僧と修験者はそれぞれの憩舎に向かい、わたしも仕事の場に帰ることにした。

見ると、大蛙は戸板に乗せられ、死んだようにグッタリとなって、仲間達に運ばれてゆく。これは演技ではなく、精根尽き果てたリアルな姿態であろう。愛すべき大蛙に宴福あれ。

「以前は日が暮れてから蛙飛びがはじまったさかい、行事が終わって、あの大護摩に火がはいるのが九時頃やった。天にまで届きそうな火勢でな、そら見事なもんやった。その火を拝んでから、山伏の一隊が大峰山へ練行に登ったもんや。法螺貝を吹いて。手に松明を持ってな。そらええもんやった」

道連れになった古老が山の尾根に眼を放ちながら話してくれた。

夜の堂内に蠟燭《ろうそく》の灯を浴びてハネまわる蛙の姿は、異妖味があっておもしろかったにちがいない。しかし、いま見て来た白昼の蛙飛びもけっしてわるいものではなかった。稚気愛すべき動作の上に、颯々と白南風《しろばえ》の吹きわたるような感覚があり、さわやかな後味がまだ心に残っている。きっと後々《あと》までも快い印象を心に刻みつけることであろう。

宿の前まで来ると、タクシーが客を降ろしていた。そのタクシーに乗って、わたしは山道を登れるところまで登らせて見た。

金峯神社で自動車道はなくなった。タクシーを返し、奥の千本を西行庵までわたしはあるいた。谷はぐんぐん低くなり、大和の山々、河内の山々、紀伊の山々もはるかに低く見えている。木樵《きこり》一人にも出会わない。もし出会うなら人間ではないだろう。驟雨《しゅうう》のような音を立てて、山風が峰の樹林を薙《な》いでわたる。それはじつに青嵐という季語にふさわしい風の色であった。

その夜、寝ようと思って崖の湯に浸っていると、法螺貝の音が殷々《いんいん》と谷に谺《こだま》しているのが耳にはいった。一山の修験者達がいよいよ山にはいるのだ。茶店の主人もきっと登っているだろう。貝を口にしたうれし気な顔が眼に見えるようである。

湯槽の電灯を捻り、黒洞々たる谷を覗いて、いつまでも聴き入っていた。

相馬の原の野馬追い

書斎の壁に布巾大の美しい旗印が三枚ピンで止めてある。来客がこれはなんですかと訊くことを計算に入れて。

「これはね、相馬《そうま》の野《の》馬《ま》追《お》いの旗印の模型なんですよ」

得々とわたしは答える。と、忽《たちま》ち耳の底に爽涼たる法螺貝の音がきこえだし、青野原いっぱいにブチまけられた色とりどりの旗印が眼底に浮いて来る。

相馬は福島県の東北端、もうすぐで宮城県という辺りの、太平洋に接した土地だ。西には長く阿《あ》武《ぶ》隈《くま》山脈がはしり、昔はさぞかし草深い土地だったろうと思われる。いや、いまもまだ野草の匂いが三つの町に蒸せ返っていた。

三つの町とは常磐線に沿った相馬市、原町市、小高町のことで、その町々の騎馬武者が原町の雲雀ヶ原という草原に集まって、尚武と祝祭をかねた豪壮な騎馬祭りを、夏の盛りの七月下旬三日にわたって執り行なう。それが世に名高い相馬の野馬追いである。

原町のお寺で朝早く眼を醒ますと、法螺貝の音がきこえていた。縁に出て見ると、その音は一ヶ所じゃなく、あっちにもこっちにもきこえている。馬の嘶《いなな》きもどっかからきこえてくる。空は朝からギラギラ光り、今日も最高の暑さであろう。しかし、貝の音は爽涼たる冷気をわたしの胸に溶けこませた。あの朝の快さはいまだにわすれられない。法螺貝の音があんなにも音楽的だったことを、日本人でいながらあの日まで知らなかった。

法螺貝の音は起床喇叭《らっぱ》の代用だったのか、崖下の町筋が忽ち騒がしくなって来た。馬の嘶きもあちこちではじまった。陣太鼓もきこえる。

住職はまだ眠りこけているらしく、朝膳を持って来てくださった奥さんが

「昨夜はお睡いのにご迷惑だったでしょう」

「いいえいいえ、とてもたのしかったです。いい勉強になりました」

本当の心をわたしは答えた。

昨夜わたしは宵乗りの夜の町をあるきに行き、すっかりいい心持になってお寺へ帰って来ると、住職がまだ庫裡《くり》で土地の人達と一杯のんでいて、無理矢理わたしを、火のない炉ばたにひっぱり上げ、大きな馬上盃《ばじょうはい》を突きつけた。わたしがいま町で聴いて来た相馬流れ山節を褒めると、いよいよ機嫌を良くし、よし、もう一度聞かせて差し上げようと坐り直した。

「この唄はの、相馬藩の祖先が下総《しもうさ》の国の流れ山からこの奥州の草深い田舎へ国を移された時

に、旧領地を偲んでうたった唄なのです。だから総体に哀調を帯びとる。それも女々しい哀調じゃない。相馬武者の武骨な哀愁が漂っとる。そこがよいのです」

なるほどそう聞けば、たしかに唄の底にそんなノスタルジアみたいなものが流れているようである。

　相馬恋しや　ナアエ　スイド
　ご妙見さまよ　ナアエ　スイスイド
　はなれまいとの　ナアエ　ナアエ　スイド
　アノサ　繋ぎ駒　ナアエ　スイスイド

などという唄ぶりには、ことさらに直線的な野人の感情が感じ取れた。

「昔は宵乗りの晩には、殿様からお酒を賜わることになっていたでの。野営の陣に篝火《かがりび》をあかあかと焚いて、皆でうたい明かしたもんだそうです。その古い唄が一杯町には残っとるですよ」

土地の人もそばから口を添える。

宵乗りというのは野馬追いの前日祭りみたいなもので、三つの町の妙見社の神輿《みこし》に供奉《ぐぶ》して雲雀ヶ原に集まった騎馬武者が、古式の馬場潔め神事を行ない、引きつづいて馬揃えの神馬競馬を行なう。そして、昔はそのまま草の上に夜を明かし、無礼講の賜わり酒に酔うことになっていた。一望百里の大草原に無数の篝火が燃え、野性的な唄声がいたるところからきこえて来る夜景は、想像するだに胸が弾む。いまはその草の上が町の宿舎に変わったが、たのしさはそのかみと変わるところなく、豪放な唄声はわたしが泊まった夜も町じゅうにあふれていた。よきかな相馬野馬追い。

「今度は相馬二遍返しじゃ」

住職がまた咽喉自慢声でうたいだした。

相馬相馬と木萱もなびく
なびく木萱に花が咲く　花が咲く

土地の人がハヤシを入れる。

イッサイコレワイ　パラットセ
大南沖マデパラットセ

「次はみんなでカンチョロリンだ。客人もおぼえなさい。オーイオイ」

おらが相馬のカンチョロリン節はよ

男子らのサ　カンチョロリン
和子らのノーノサイ　唄はじめよ
トコイッサイノーサ　カンチョロリン
トッテンチロリン
チンチロリンノ　シャンシャン

野趣漫々たる古調子である。

甚句《じんく》、馬子《まご》唄、木挽《こび》き唄。麦搗《むぎつき》唄にサイコラ節。駒返し唄に駒止め唄。あるったけの唄をうたいつくして、とうとう酔い潰れてしまったが、わたしにとっては先刻町で見て来た踊りの復習になり、たいへんありがたかった。

踊りは町の広場に幅広い舞台を組んで、一見職業人と目される男女が踊っていたが、その演出には正風を崩さぬ態度が感じられ、好意が持てた。疲れをわすれてわたしはその全部を見た。

踊り場を中心に町々は縁日で賑わい、遠来の客人をつれて夜歩きに出た町びとで氾濫していた。

「今夜の町の人口は、つねの三倍強だそうです」

旗印の模型を買った店の主がエビス顔で言っていた。

陣羽織《じんばおり》姿で親類回りをしている若武者や、塗笠を被ったまま子供の土産を値切っている古武者の姿が、往来のあちこちに見え、それも好もしい前夜風景だった。

一つ裏道にはいると、屯所《とんしょ》にあてられた旧家から、相馬の古唄が旺然《おうぜん》ときこえている。木立の間からながめると、座敷の戸障子を全部取り外し、この熱気の夜に裸にもならず、馬乗り袴の膝を正して端然とうたっている。舞う者も同様のいでたちに軍扇を開き、凛として舞っている。強酒が相当まわっていることであろうに、質実な古武士の面影を今も保とうとしている気《き》ッ風《ぷ》がうれしかった。

そうした屯所が町中到るところにあった。宿屋は宿屋で、野馬追い見物の客のために蒲団部屋まで占拠され、ここもまた新相馬節や盆踊唄などの現代民謡に夜の更けるを知らないさまである。役場がわたしの安眠のために民宿を用意してくれた好意がよくわかった。しかしその民宿にも客を眠らせぬうれしい相馬和尚が居た。

役場の小川老人が迎えに来てくださったので、待ってましたとばかり、すぐ出かける。野馬追いのお行列が集合場所の新田川原から雲雀ヶ原に向かうのを、町の目貫に設けた観覧席で眼近に見せてやろうという好意である。

が、その場所へ行った時、行列はもう通っているところだった。

「惜しいことをした。はじめから見たかったな」

「はじめからごらんになったんじゃ大変です。先頭が雲雀ヶ原に着いても、殿《しんが》りはまだ川原を出発しとりませんで」

「へえ、いったい何百頭くらい出るんですか」

「だんだんと数が減りますが、それでも千頭は下りません」

「へえ、千頭」

改めてわたしは行列に眼を投げた。

緋縅《ひおどし》の若武者、紺糸縅の古武者、いずれも旗印に朝の陽を反して、元気溌剌《はつらつ》と馬を進めてゆく。

旗印は畳一枚もあろうかと思われる大きなもので、原色の地に白く絵柄を抜いたもの、白地に原色の絵を置いたもの、原色の地に原色の家紋を配したもの、色とりどりの旗柄で、抜け上がったような朝空とそれはなんという美しい対色であろう。

「この旗印は全部藩に登録されていたんです。一朝《いっちょう》事ある場合それが動員原簿になったわけですね」

役場の人らしい表現だ。

「一枚と雖《いえど》もおンなじ絵柄はございません。それが自慢でございます」

「美しい色取りですねえ」

「はい。これが入り乱れて走るところは、もう一つ美しゅうございます」

六騎の騎馬が並んで現われた。容《かたち》を揃えて法螺貝を口にし、爽然と虚空《こくう》に吹き鳴らしつつ進む。

「ご貝役です。昔の喇叭手ですね」

つづいて陣太鼓を背中に負ったお太鼓役。

騎馬の列はつぎつぎと去り、つぎつぎと現われる。行列の先は模糊《もこ》として見さだめがたく、行列の尾も霞の中にまだ隠されている。

「ああ、来ました、来ました。あれが相馬家の旗印でございます」

黒に赤く日の丸を染め出した大旗印が、翩翻《へんぽん》と風に翻《ひるがえ》りながら近づいて来た。

つづいて御幣《ごへい》をつけた神馬、大榊、八幡大菩薩の大旗。そして金色燦然たるお神輿。

パンパン、パンパンパンと、柏手が人垣の中からきこえた。

つづいて神官の群。そしてまた騎馬の行列。長い長い一本の帯が、豪華絢爛と町を二分した感じである。

やっとのことで行列は通り過ぎた。が、そのあとに今度は見物人の行列が蜿蜒《えんえん》とつづく。

「まいりましょうか」

「はい」

わたし達もその列に加わった。強烈な陽射しが焦げつくように照りつける。土煙りが濛々《もうもう》と立つ。

「でも、天気でよかったですねえ」

「そのかわり、雲雀ヶ原の暑さが思いやられますよ」

そんな会話が人間濁流の中からきこえる。

「まさに死の行進ですな、これは」

「お祭りでなかったら、どんなにブツクサ言うことでしょうな」

「まったく。はは」

そんなわらい声もきこえた。

「騎馬に乗る人はなにか資格があるんですか」

「いえ、先祖伝来の甲冑《かっちゅう》に馬さえあれば、誰でも出られるのです。でも、その馬が近年は農村から姿を消してしまったもんで」

「近代農業のアフリですか」

「さようで。昔はこの辺りの山野に数千頭の野馬が居たそうで。そいつが農作に害を与えて困るので、それを追っぱらっちまうためにはじめられたのが野馬追いなのですが、いまは反対に、苦労して馬を集めなくてはならないことになっちまって。はは」

「政略的な意図も幾分はあったんでしょうね」

「ございました。名目は野馬追いですが、ご先祖の平将門《たいらのまさかど》さまが下総流れ山の小金ヶ原でおはじめになった時は、関八州《かんはつしゅう》の兵を集めて、京都に攻め上るための軍事教練だったと申します。ご子孫の代になってこの相馬にお国替えがあった後は、仙台の伊達藩に対する示威運動としてつづけられたのでございましょう。それからでも約六百年経つそうで」

町筋には定紋入りの幔幕を下げた屋敷が多く眼についた。物を商う店舗にも、ささやかな旅人宿にも、暖簾のような略式の幕が下げられてあった。

「氷みたいなものはお召し上がりになりませんか」

「いえ、なによりです。いただきましょう」

死の行進を脱けて、わたし達は小橋のほとりの葭簀《よしず》張りにはいった。主人は小川さんの知り合いらしく
「おう、お出かけか」

「今年は出ないのけ」

「馬が手にはいらねえでよう」

口惜しげな主のそばで襷《たすき》がけのおかみさんが
「お蔭で大助かりですよ」

と、鼻の頭の汗を拭いてわらっている。

いよいよ野馬追いの時刻だ。

見渡す限りの青野原は五彩の、いや百彩の旗印で埋まった。それを見物するわたし達は、馬場の東の本陣山の傾斜地に陣を取った。見物の数は万を単位とする数であろう。山上の台地に妙見社の神輿が三基、デンと据えられてある。

暑い。ソヨとの風もない。真向こうに阿武隈山脈が炎雲に霞んで見える。観衆が発散するイキレで頭がクラクラとして来そうである。

「野馬追いも行事が変わりましてね。明治になってからは、旗取り競争という形に改められました。いまに花火が打ち揚げられますが、その中から神様のお旗が舞い落ちてまいります。そのお旗を取った騎馬は、馬を返してあの七曲りの坂道を風のように駈け登ってまいります。そしてお神輿の前に控えているあの見張役にお旗を渡します。見張役がそれを改めると、間違いなしッと大声で叫びまして、大きな剣先守《まもり》札を与えます。これが野馬追い最高の名誉でございまして、貰った武者は行事が終わったあともそれを背中につけて、得々と町をあるいて見せることになります。そういう勇士が今日も十人くらい出来るわけでございますよ」

「昔はどんな風にやったんですか」

「ほんとうに野良馬を追いはらったのだそうで。逃げ遅れた馬を柵の中に追い込んで、白衣の勇士が何十人という数でそれを素手で捕えるというような勇壮な行事もあったそうで。それを野馬掛けと申しとります。その見本みたいなのを明日小高町の妙見宮でやりますが、まあそれが、野馬追いのいっとう古い形を残していると申せましょうな」

旗印が整列した。祭典委員長の挨拶がはじまった。山はもう残る土なく人で埋まった。登れない群衆は馬場にハミ出し、警官達が必死となって、危険を戒めている。

「しかし、旗取り競争もなかなか見事なものでございますよ。一口に旗取りと申しても、なかなか容易に手にはいりません。横取りしようとする者、武者振りつく者、それをさせまいとして格闘が起きる。その間にお旗は他の武者にわたり、そこでまた揉み合いがはじまる。なかなか勇壮な見ものでございますよ。お旗を目がけて、わっとばかりに駈け集まります騎馬の陣羽織と旗印の色が、なんとも言えず美しゅうございますよ」

あと一分か二分でその風景が見られるのだ。わたしだけじゃなく、観衆全部にその心が流れたのか、数万の観衆が瞬間ピタリと呼吸を止めた。

法螺貝の音が嚠喨《りゅうりょう》と冴え上がった。

「一番法螺です。二番法螺で花火が揚がります」

さあ、いよいよ待望の相馬野馬追いだ。

九十九里浜の鬼来迎

銚子の犬吠《いぬぼう》岬の手前に屏風ヶ《びょうぶが》浦《うら》という砂浜がある。そこの漁村の一つを調べる用事が出来た。助手連中が国鉄の時刻表をひねくって、乗換えがどうの、バスの連絡がどうのと、首をかしげているから、東京からタクシーで出かけようと言うと、そいつはうまいと皆がよろこんだ。

智恵子抄を劇化するためしばしば九十九里浜を訪れたから、コースには自信があった。両国から千葉までは国鉄と並んで走り、千葉から房総半島の頸部を横断すると、二時間半で外房《そとぼう》に出られる。

「九十九里がこんなに早く来られるとは思わなかったねえ」

と、皆感動している。

片貝《かたかい》の割烹旅館で新鮮な魚でビールをのみ、海岸線を一路屏風ヶ浦へ突っ走ることにした。

九十九里浜の長汀《ちょうてい》は素朴な水浴者でにぎわっていた。海の色は熱気に霞んで平凡だが、吹きつける風はサラサラと頬に快かった。東京市内は今夏最高の暑さだとラジオが言っている。

タクシー会社で気を使ってくれたらしく、運転手は外房の出身者だった。いろいろと貴重な話をしてくれる。

「どこ、きみの生まれは」

「八日市場という所です。ここから十キロばかりの」

「なにかおもしろいお祭りはない」

つい虫が出てわたしは訊いた。

「ありませんねえ。房州は田舎だから」

「田舎だからいいんじゃないか。盆踊りぐらいはあるんだろう」

「それもないんですよ。広済寺の鬼舞いというのが一つあるだけで」

「鬼舞い。おもしろそうだね。いつ、それは」

「お盆の十六日です」

「新暦かい。旧暦かい」

「新です、この辺は」

「じゃ、今日じゃないか」

助手台の一人がよこを向いた。

「そうですな」

「行ってみようよ、そこへ」

あまり気の乗らない声で

「やってますかねえ。十年くらい前見た切りだから」

「遠いの、そこは」

「いえ、すぐその虫生《むしょう》という所です。虫が生まれると書くんです」

「名前までいいじゃないか。行ってみようよ。無駄だと思って」

「多分もう止《や》まってますね。この時代にあんなバカゲたお狂言は」

ハンドルを切りながらまだ言っている。

太平洋と直角に別れて松林の中の道を町のある方へ走った。林を出ると青田がひろがり、鎮守の森らしいものが模糊《もこ》として煙り、なんとなく世離れした感じだ。伊藤左千夫の

　九十九里の波の遠鳴り日の光り青葉の村に一人来にけり

という歌が自然と口に上るような風景である。

ぽつんぽつんとある農家の庇《ひさし》に、手製らしい盆灯籠が下がり、奥の間に精霊迎えの祭壇が見える家もあった。

横芝という町から八日市場への街道筋を半キロも行ったところを左に折れ、広い青田道をまた

一キロばかり駆けると、一握りの小さな集落が在った。

「あっ、やってるやってる。鉦《かね》がきこえてる」

助手台の一人が叫んだ。

「あすこの森の中ですよ」

「早く行こう」

杉林の中にお寺らしい屋根が見えている。自動車はわたし達の感動を乗せて、細い草道をその方へわけ入った。

草葺の屋根を持った山門の前に自動車を停めた。ドアを開けるなり、ジャンボン、ジャンボンという囃子の音が耳にはいった。

「まだやってたんですねえ」

運転手が感慨深げに音の方を見ている。

「無駄はしてみるものだよ」

眼玉のなくなった仁王様の立つ山門を潜ると、すぐ右手前に古びた地蔵堂があり、その濡縁から板張りの掛け出しが突き出され、それが鬼舞いの仮設舞台だった。

いい色に蝕《むしば》んだ二つの扉をうしろに、閻魔大王が笏《しゃく》を手に傲然《ごうぜん》と腰を卸《おろ》している。そばに倶生《くしょう》神《じん》が大福帳を膝に置いて控えている。もう一人、頭から縮れッ毛の白髪鬘《かつら》を気味わるく被った老婆が控えている。たぶん三途《さんず》の河の鬼婆というところだろう。

ジャンボン、ジャンボンと銅鑼が鳴り、黒鬼と赤鬼が登場した。鎧を着た鬼だ。赤鬼は女の亡者を引っ立てている。亡者はまっ赤な衣裳を着、白い袿《うちぎ》を頭から被っている。

倶生神が帳面に名を書き込み、拷問がはじまった。鬼は丸太の錫杖《しゃくじょう》、婆は銀紙の出刃庖丁で、さんざん亡者を苛《さいな》む。亡者が悲しみを訴えるところでは、カーンカーンとおセンチな鉦の下座がはいる。心得たものだ。

見たところ、面も衣裳も相当痛んでいるようだ。それだけに古びた底光りが伝統の長さを匂わせているようにも見える。そう言えば地蔵堂も欄間に彫飾を持った古代様式で、そのかみはきっと壮麗なものだったろうと想像される。扉の取手がなくなって、両眼を剥いたように穴があいている。堂内に居る進行係らしいのが、時々そこから舞台を覗く。

亡者がなかなか泥を吐かないので、イキリ立った大王が浄玻璃《じょうはり》の鏡にかけろと大喝する。悪業《あくごう》が鏡に写ったらしく、亡者は獄舎へ拉致されてゆく。その愁歎のさまを芝居気タップリの身振りで見せる。セリフもシッカリと言っている。

「おもしろいじゃないか。こいつは拾いものだった」

バカだからすぐ岡惚れしてしまって、ずっと見て行く気になった。

「はじまったばかりなんですって。三時間くらいかかるそうですよ」

「いいじゃないか。こんな所でこんないいものが見られるなんて。天佑《てんゆう》だよ」

屏風ヶ浦での用事をわすれて、わたしは楠の根ッコに腰を据えた。

亡者が追い立てられてしまうと、大王がヤオラ立ち上がり、幕切れの見得で因果応報のセリフを言った。そして囃子にのって大時代に扉の中へ退場した。そこで幕が引かれた。舞台両袖の木から木へ紐が渡され、よく引っかかる幕である。無形文化財指定記念と白く染め抜かれてある。

地蔵堂の向かって左手に本堂が在ることに気がついた。お盆の法要が行なわれたらしく、世話人の女子衆が座を片付けている。廊下続きの庫裡では世話人の男子衆達が車座になって喋っている。声が高く、どっと笑い声が上がる。酒が出ているのかもしれない。

本堂で行なわれた法話を眼のあたり地獄極楽狂言にして見せて、村民の帰依心をさらに唆《そそ》ろうとするのが、この仮面劇のねらいなのだろう。

「いつ頃からあった行事なんですか」

そばに跼《かが》んでいる年寄に訊いてみた。

「ざっと七百年ほど前からちゅう話だね。昔はご領主さまも見に来られたちゅうことだが、いまは村だけでやってるんでの。それに若え者が他国へ出稼ぎに行くようになっちまったもんで、毎年役者集めに一ト苦労だよ」

「でも、よくつづけていますねえ」

「やらねえと、疫病が流行《はや》るちゅう言い伝えがあるで……」

仕方なしにという言葉は煙管の煙とともにのみ込んだ。

「縁起書を貰って来ました」

若い連中は調査欲をおぼえたらしく、あっちこっちを動きまわっているらしい。

なるほど縁起書には建久七年の建立とある。薩摩の国の石屋という禅僧が衆生済度のため諸国を遊行《ゆぎょう》中、この里の辻堂で一少女が悪鬼に苛《さいな》まれるさまを夢に見た、それを翌日墓参に来た領主に語ると、正しくそれは早世せしわが姫であろうと歎じ、直ちにその地に寺を建立させることにした、僧もまたここに定住し、地獄狂言を案出して里人に仏法の理を教えた、という、どこにもある牧歌的な由緒書だった。

「面も衣裳も一ぺん手入れせねばなんねえだが、十万の上かかるそうだで、二十戸の村じゃとても賄《まかな》えねえ」

独り言のように呟いて年寄は煙草の煙を吐いた。年寄の歎きは経済面だけではないだろう。うち見渡したところ、狭い境内のあちこちに屯《たむ》ろして舞台を見ている見物の数はやっと五十人も居るだろうか。それも半分は子供である。

「台本があるんですよ、ホレ」

一人が筆写台本を持って来てくれた。楽屋で借りて来たらしい。

「ほう、大したものだねえ、鬼来迎……」

「キライコウと読むんですって。それが本当の名で、鬼舞いは俗称だそうです」

狂言は全体で七段。いまやった閻魔の庁が大序とある。

「大序はうれしいね」

愉しくわたしは紙をめくった。

二段目が和尚の道行。娘の役が登場する。石屋和尚が辻堂で見た夢を芝居で見せる筋のようだ。

秋風の吹き来る音におどろきて、いそがぬ旅のいつしかに、去年《こぞ》と消えゆく春景色よなあ

などという名ゼリフがある。

三段目は墓参の場。墓参に来た領主夫妻が和尚に会い、娘の話を聴く場面だ。領主は椎名安芸守、奥方は顔世御前とある。

「顔世御前はいいですね。はは」

四段目が和尚物語。領主が一宇建立の心を定める。

五段目は賽の河原。

六段目は地獄の釜入り。

七段目の大喜利が死出の山。

「なかなか大物だよ、これは。長い芝居の好きな国立劇場の理事長に見せたいね」

「でも、今日は大序から賽の河原へとぶんだそうです。役者の都合で」

「そいつは残念だな」

それにしても幕間《まくあい》が長い。山門の脇にたった一軒店を出しているキャンデー屋が繁昌している。

「先生、一寸《ちょつと》来てごらんなさい。おもしろいことをやっていますから」

連れられて幕の中へはいってみると、堂の横に幼児を抱いた母親達が集まって、三途の河の鬼婆に一人一人子供を抱いてもらっている。スポーツシャツ一枚の音調役の前に、小さな賽銭箱が置いてあって、母親達がおヒネリを放り込んでいる。

「ムシ除けの呪禁《まじない》になるんですって」

財源の一つらしい。道理で幕が遅いわけだ。

やっとして賽の河原の段が開いた。ここは念仏和讃が重要な地方《じかた》になる。

　帰命頂礼地蔵尊
　これはこの世と事かわり
　賽の河原の初旅に

例のセンチメンタルな、子を失った親にとってはやり切れない念仏唄が、老女によって哀れにうたい出される。

幼児の亡者がゾロゾロと堂から出て来た。和讃に口を合わせ、円座に踞んで石を積むシグサをする。

一つや二つ三つや四つ
十より下の幼な子が
一重積んでは父のため
二重積んでは母のため

キャンデーを手にしたまま泣いている女が居る。近く子を失った母であろう。

いま子供達を抱いていたばかりの鬼婆が両鬼をつれて現われた。鬼は怯《おび》える子供達を追い散らし、苦労して積んだ石の山を蹴り崩し、その上子供達をサンザ撲《なぐ》り据える。そこへいよいよ地蔵尊の登場となる。錫杖で婆と鬼共を懲らしめ、子供達を抱き寄せる。そして聞かせゼリフになる。

コレ幼児達、よく聞けよ。
汝らの父母娑婆に在り、朝夕ただ、むごや、かわいや、いとしやと思うばかりにて、追善供養の心なし。
これみな汝らに酬《むく》うぞや。

うまいことを言う。

和讃が尾を取って一段と調子を張り

助け給えや地蔵尊
因果の道理わきまえて
仏道修行をいたすべし
帰命頂礼地蔵尊

これでもかこれでもかと無常感を唆る。泣いている女が大分殖えた。

「この場に出た子供達も厄除けのためにお布施を包んで出演するんですって。だからこの場はカットできないんでしょう。はは」

次の幕の釜入りがおもしろかった。舞台に大釜の張り物が置かれ、その蔭に亡者達がひそんでいる。ジャンボン、ジャンボンで、鬼と婆が登場する。鬼が釜の中を覗く。

ゆだったか
まだまだ

赤鬼が湯を掻きまわす。婆が団扇で下を煽ぐ。煮られている亡者達が半身を見せて、虚空《こくう》を摑《つか》み、阿鼻叫喚のシグサをして見せる。それをまたむごたらしく鬼が苛む。ついに亡者達が熱湯の中に爛《ただ》れ沈む。

赤鬼が黒鬼に向かって
　黒公　ゆだったぞ
　うン　首でも切って
チョンと柝《き》のはいる代わりに、ボーンと銅鑼がはいり
　食らおうかい

黒鬼が爛れた亡者の一人を棒で天麩羅のように上げて見せて幕。亡者がシャレた形をして見せたので、思わず手を叩いた。

一人がまた報告に来てくれた。

「釜入りの亡者に出る連中もお布施を包むんですって。身体の病気を取ってもらうために」

そばで先刻の年寄がまた呟いた。

「そりゃ昔の話だ。いまはこっちから包まなくちゃなんねえ」

いよいよ大詰の死出の山だ。大道具である。櫓《やぐら》が組まれ、梯子《はしご》がかかっている。それが山と坂らしい。黒鬼が櫓の上で反り返っている。赤鬼が亡者を追い立てて来る。亡者が坂を登ると黒鬼が突き落とす。亡者は梯子に足を掛けて、逆さまにブラ下がったり、大熱演である。

やっとの思いで頂上に達すると、今度は黒鬼が大石で圧《お》し潰そうとする。必死と逃れて坂を転び落ちると、そこへ観世音菩薩が出現し給い、大慈の袖に庇護される。それでやっと亡者は成仏する。但し鬼達は逃げず、観世音と対決する。そのセリフがなかなか大芝居だ。

鬼共よ、この罪人を赦せ。放せ。

そもそもこの罪人と言っぱ、娑婆国中の大悪人なアり。してその罪の、所以はいかに。

堂塔仏閣に一度の参詣もなく、一紙半銭の施しもなく、昼は世路の暇を惜しみ、夜は淫懊の褥を重ね、空しく財色滋味を貪るばかりなアり。

勧進帳のイキでナアナアのPRをしているのがおもしろい。但し、見物はゾロゾロと帰りはじめ、折角の熱演も効果がないようである。

「ああ、おもしろかった」

「ほんとに儲けものでしたね」

わたし達はスッカリご機嫌で、千葉県匝瑳《そうさ》郡の元南条村虫生の里をあとにした。

琵琶湖岸の気ちがい祭り

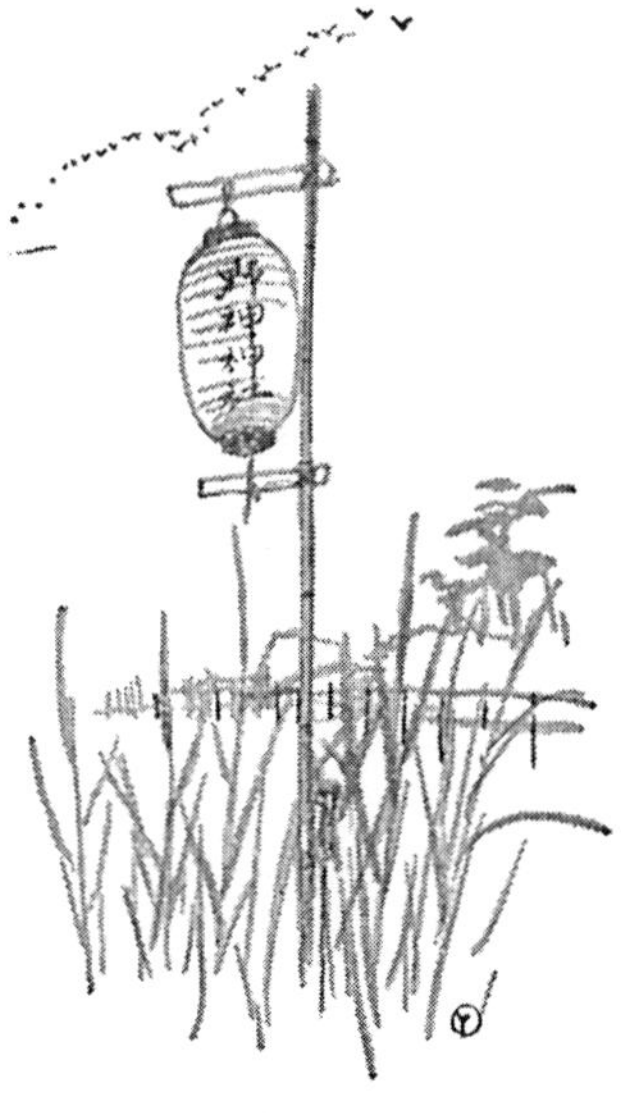

大津駅から乗ったタクシーが湖畔の道に出ると、湖の上に橙《だいだい》のような月が大きく浮いていた。思いがけないことだった。一昨夜の名月も昨夜の十六夜《いざよい》も雲が深くて見えなかった。今日も朝から京都の空は曇りつづけ、予報は雨になっていたのだ。それがいまは鏡を拭きとったようになっている。湖をめぐる山々がクッキリと空を劃《くぎ》り、対岸の遠い町の灯が寒夜のように澄み切って見える。

「不思議どんなあ。よんべの近江神宮さんの薪能《たきぎのう》も、雨模様で、も一つ人が来まへなんだのやが。ほんまに気ちがい日和や」

「気ちがい祭りにちょうどいいじゃないか」

「気ちがい祭りてなんどすねん」

「きみ、この土地の人じゃないの」

「いえ、ここの者どす」

「それで堅田《かたた》の気ちがい祭りを知らないの」

「聞いたことがおへんな。なんぞまちがいやおへんか」

「そんなことはない。役場に訊き合わせて、宿まで取ってもらってあるんだから」

「へえ。気ちがい祭りなあ」

ミラーの中でジロジロと顔をあらためている。気ちがい大会と思ったのかもしれぬ。

唐崎を過ぎ、坂本を過ぎ、雄琴《おごと》を過ぎた。

月はますます明るく、次第に銀色を帯びて来た。

堅田の町にはいった。

「宿は伊勢屋っていうんだけど、先に祭りのあるお宮の方へ行ってくれないか」

「へえ」

割り切れない顔で運転手が煙草屋へ訊きに行ったが、すぐ出て来た。

「そんなもんないそうどすわ」

「だって、役場で今夜あるって言ったんだから」

「さよか」

向こうから来た空タクシーを停めた。その運転手も首をかしげている。

「やっぱりないそうどすわ」

少し心細くなって来た。

「とにかく伊勢屋へ行こう」

「へえ」

暗い町並みである。どの家も早く戸を閉めて、真夜中のように森閑としている。祭りを見にゆくらしい人影はどこにもない。へんな気持だ。

船着場のような入江のそばにその旅館は在った。

二階の端の座敷が用意されてあり、窓をあけると湖がひろびろと眼にはいった。さざなみの音が芦の茂みからヒッソリとわいている。

年増の上品な仲居さんが
「お食事がすみました頃に、ご案内の方がお迎えにみえるそうどす」

と言った。やはりあるのだ。へんな町だ。

風呂はあとにし、洋服のままでそそくさと食事をすませた。湖魚ばかりの料理だった。ゆっくりと丹前に寛《くつろ》いで味わいたかった。

来てくださったのは横山さんという郷土史家だった。お茶をのむと、すぐ出かけることになった。

月が明るいので、路面が凍ったように白く見える。入江の向こうに高名の浮御堂《うきみどう》がうっすらと見えている。その手前の魚清楼《うおせいろう》は、今夜は客がないのか、湖に向かった二階の雨戸を早く閉めている。それでよけい霜夜の感が深いのかもしれぬ。わたしは時折り京都からここへ鴨を食べに来る。その鴨が目下禁猟中なので、堅田はいまシーズン・オフというところなのだろう。そう言えば伊勢屋も泊まり客はわたし一人のようだった。

浮御堂とは反対の狭い裏町筋を比良山の方に向かってあるく。虫の音が高く澄んでいる。ほんとうに暗い町筋だ。昔の映画で、追われた隠密かなんかが、犬に吠えられながら寝静まった町を逃げて走るシーンを、そこだけ青くして月光の道を浮かせて見せた。ちょうどそんな感じの美しい陰影だ。

家並みの外れにはかならず汀《みぎわ》へ降りる路地があり、月に光った湖面がある。

「堅田心中というお芝居で、夜ふけの町筋を夜番が柝《き》を打ってゆくところがありましたね。あれはじつに堅田の感じがよく出ていました」

思いがけなく古い作品のことを言われてギョッとした。勘弥と五十鈴で演った芝居だが、その舞台へわたしは湖西の古い町への思慕を傾注した。そのテレビ中継が土地の人の印象にのこされていたのはうれしく、しかし一寸《ちよつと》恐《こ》わかった。

「この家が湖賊の首長の子孫です」

月を背にして黒い影を道に落とした旧家を横山さんは指さされた。堅田の町が湖賊の本拠地であったことは前から聞いていた。

「いつ頃が全盛時だったんですか」

「室町時代の初期です。水軍で足利勢を援《たす》けた功労のために湖上権を貰ったのがはじまりで、最初はただ関所を設けて、往来する荷船から湖税を徴収するくらいのところだったんですが、いつか琵琶湖全体の漁場権を一手に握ることになり、回漕や造船にまで手を伸ばして、堅田族という一つのブルジョワジーが形成されてしまったんです。その頃の堅田は大した町だったらしいです。城塞を兼ねた大屋敷などもあったり、ホレ、あの石垣なんかもその名残りです」

通りかかった小橋の上から、入江の芦の茂みの中に見える小高い石垣を顎で指された。その前には湖の水がひたひたと寄せ、月影を砕いている。

「昔は陸路が不完全だったもんで、東国の人も北陸の人もみんな舟で琵琶湖を渡ったものです。その水運の中心が堅田港だったんです。お伊勢詣りの舟もあの伊勢屋のよこから出たんです」

「ああ、それで伊勢屋」

「そうです。それが江戸期にはいって、往還が整備され、通運が琵琶湖を利用しなくなったんで、次第に湖賊の勢力が衰退し、町も寂《さび》れてしまったんです」

「湖賊によって栄え、湖賊によって衰退したということですか」

「そういうことです。わが家も湖賊の一つですが」

そう言って横山さんは笑顔を見せられたが、翌る日拝読した著書の中では、湖族という文字を用いておられた。

芦の中に古舟が水浸しになったままのクリークをまた渡り、家並みは次第に農家の風貌を帯びて来た。依然として人影は見えない。提灯の灯一つ見えない。

「お祭りはどこにあるんですか」

とうとうわたしは口に出した。

「もうすぐそこです。ちょうどはじまる時刻でしょう」

時間をはかってゆっくりあるかれていたらしい。

「気ちがい祭りというのは、どういうことをするんですか」

「気ちがいの真似、というほどでもないのですが、少し常軌を外れたことをやるのです」

「なんのために」

「勾当内侍《こうとうのないし》を慰霊するために」

「勾当内侍を」

思いがけなく内侍の名が出たので、思わず訊き返した。

「内侍はここで入水したのです。その時はもう心を狂わしていたらしいので、それに同情して、村人達が狂態を演じたお祭りを、その命日にやることにしたという言伝えなんです」

勾当内侍が新田義貞の戦死を悲しんで入水したという史実は有名だが、今夜の気ちがい祭りがその追慕神事だったとは。

「でも、よく今夜だということをごぞんじでしたね。県庁でも知らない人が多いのに」

県庁どころか、町の煙草屋でも……と言おうとしてやめた時、小ばなれた家から太鼓の音がきこえだした。

「出立《しゅったつ》です。ちょうどよかった」

早足になった横山さんのあとをわたしも早足で追った。

高い生垣に囲まれた草葺き屋敷の家が近づき、野《の》神講《がみこう》と記した古提灯が軒先に見えた。家の前に、裃《かみしも》を着けた人や、神官や里人が全部で十人あまり、神酒で体内をあたためて、いま外へ出て来たところだった。太鼓は暗い軒下で打ち鳴らされている。

「ここが今年の当屋《とうや》です。一年毎に移るのです」

裃袴の当屋主人の後から、その父親らしい老人が出て来られた。

「講中の世話をなさっている竹内さんです」

「わざわざよくお出でくださいました」

挨拶の間もなく、太鼓が鳴りひびき、行列が動きだした。先頭に竹松明を手にした神官、つづいて当屋の主人以下講中の人約十名。それぞれ片手に松明、片手に神饌《しんせん》の膳をささげている。リヤカーに乗せられた太鼓があとから蹤《つ》いてゆく。竹内老人はわたしに話をしてくださるためにわざと遅れられたが、そのあとからもう一人、杖をついた老人が二つ折れになって、ヨチヨチと蹤いて来られる。

とつぜん前の方の一人が

「城門じゃッ。火事じゃ火事じゃッ」

と怒鳴った。皆が口々におなじように怒鳴った。竹内さんもわたしの耳のそばで大声を上げられた。ふけ静まった村の中に、それはおどろくばかり異様だった。いささか度胆を抜かれた。

「どういうことなんですか、これは」

「伝わったままやっておりますので」

そばから横山さんが

「堅田水城があった頃のことでしょうね」

「どういういわれがあるんですか」

「誰もワケを知らないのです」

気ちがい祭りという言葉が胸に浮いた。竹松明の行列は火事じゃ火事じゃッを連呼しながら、灯のない村の中をどんどんと北に向かってあるいてゆく。

気がつくと、道に面した家の戸が半分ほど開いて、暗い土間から家人が行列を覗いている。

「昔はお行列を拝まない家は、一々叩き起こしたものでしたが、いまはそうは行かなくなりました」

竹内老が呟くように言われた。

愛知県の津島祭りは、神輿《みこし》の通る町筋の家に寝ることを命じる。起きて覗いた家には腐った瓜を投げつける。その反対だ。

火事じゃ火事じゃッの声は村道を外れて、汀の方へうごいてゆく。芒《すすき》の中を見え隠れする提灯の古風な床しさ。話にきく狐の嫁入り風景である。

「いいですねえ。いかにも野の神のお祭りという感じじゃないですか。仰々しいお祭りよりこの方がずっといいですよ」

わたしはほんとうの心を言ったのだが、昔を知る老人は遠来の客の前に、いかにもこの少人数がはずかしい容子《ようす》で
「これが唯今残っている講中の全部でございます。これだけの者で細々とつづけておりますので」

横山さんが註釈して
「野神講は宮座の古い形の株座の面影を伝承しているんです。同族二十四戸が神事組合をつくって祭りを守って来たんですが、いまは十二戸になっています」

「町からの補助かなんかは……」

「そんなものは、ハイ。戦争前まではお宮が小さな田を持っておられましたので、その上がりで賄《まかな》っておりましたのですが、終戦後その田がお召し上げになってしまったもので、ハイ。もとは松明も本当の大きなものを燃やしてあるいたのでございますが」

と、しきりにコンプレックスを示される。

「でもねえ、ともかくも村民の手で六百年間つづけて来たんですからねえ」

「たいへんなことですねえ。どうかやめないで、いつまでもつづけてくださいよ」

「ハイ。なんとかみんなで力を合わせまして」

「お供物《くもつ》投げはつづいているのでしょう」

「ハイ。でも、明日になるとみんながもう一日仕事を休まねばなんねえで、今日の昼間、繰り上げてやってしまいました」

「もうやったのですか。そいつは残念だなあ」

横山さんはそれをわたしに見せたかったらしく
「おもしろい行事なんですよ。講中の人達が神様に供えたお膳を下げて、翌る年の当屋へ持ってゆくんです。そこの家の人達は、榊《さかき》を口にくわえてその行列を出迎えます。その頭の上へお膳ごと神饌をブチまけるんですよ」

「へえ」

「柿や栗や小餅がバラバラと落っこって来るんですから」

また気ちがい祭りという言葉が思い出された。

遅れた足を急がせると、芦の中にお旅所と記した古い提灯が立っている所へ来た。松明が寄り固まっている。

「なにかあるんですか」

「神様に差し上げる水を汲みに行っているのでございます」

汀の方から松明が一つ戻って来た。一人の供奉《ぐぶ》者が手桶を捧げ持っている。

それを守ってまた行列はうごきだした。

「城門じゃッ。火事じゃ火事じゃッ」

また気ちがい声がつづく。二つ折れの古老も大声で叫んでいる。

とつじょとして、道の行手に琵琶湖大橋が現われた。白い橋灯がヒッソリと静まった湖の上を対岸へ伸びている。素朴な松明行列のバックとして、それは好ましからぬ風物だが、ゆるやかな美しい弧線が、国道沿いの湖上大観塔ほどには腹立たしくなかった。

　比良三上雪さしわたせ鷺の橋

芭蕉の句が心に浮かんだ。

野の道に一対の古提灯が立っていた。野神神社と記され、田の中の参道に折れ入る目じるしであった。こんもりとした森が月かげを浴びて近く見えている。

「城門じゃッ。火事じゃ火事じゃッ」

行列の声はひときわ高まり、森の中のお宮にはいって行った。

方百坪あまりのささやかな境域に、これまたささやかな祠《ほこら》が立ち、そのうしろに四角形の玉垣が見える。それを取り囲んで供奉者達がアレコレと意見を述べ合っている。一人が玉垣の中に跼《かが》み、漬物石大の自然石を子供の遊びみたいに積んでいる。その下に新しい泥が見えた。

「泥掛けの神事と言って、九個の石に泥土を塗って積み上げるのです。四方から充分に石を視て、みんなが納得の行く積み方をするのです。それが内侍の狂おしい魂を安定させるお供えになるというので」

「九つという数字は」

「以前は祭り日が内侍の入水した九月九日だったんです。泥土も入水場所の琴ヶ浦からとって来るのです。義貞公も越前の泥田に首を埋められたし、内侍さまも湖辺の泥水に入水し給うたというので」

玉垣の脇に楕円形のやや大きな墓石があり、勾当内侍の墓と読めた。それを前に、神官の祝詞《のりと》がはじまった。それを耳にしながら、わたしはこの物寂しい湖岸に三年間良人を待ちつづけた内侍の心をおもった。しかも、ついに再会の日にめぐり合えず、湖の底に身を沈めた内侍の胸には、人と人とが殺し合う不条理への悲しみと憤りが狂おしく湛えられていたことであろう。

神事が終わると、行列はふたたび田の道に出て、本宮の森にむかった。月は中天にかかっていよいよ明るく、比良山も、比叡山も、対岸の三上山《みかみやま》までも、さだかに山容を澄み透らせている。

「城門じゃッ。火事じゃ火事じゃッ」

村人達は夜とともに加わった冷気を物ともせず、いよいよ声高く叫んでゆく。なんという素朴な里の祭り。なんという素朴な人達。その一人一人を抱きしめたいばかりの愛情をおぼえつつ、わたしも火事じゃ火事じゃを叫びつづけた。

日高川べりの笑い祭り

どうやら秋らしくなった十月九日の午後、伏見の御香宮《ごこうのみや》のお祭りを見に行ったら、京都新聞の神田清さんとパッタリ出会った。

「やあ、相変わらずお祭り見物ですね」

「昨夜の堅田《かたた》の気ちがい祭りを見に来ましてね」

「よくごぞんじでしたね。あの祭りは社の連中でもあまり知らないんですよ。じゃ、明日の笑い祭りもごぞんじですね」

「笑い祭り。知りません。どこで在るんですか」

「紀州の御《ご》坊《ぼう》ですよ、道成寺《どうじょうじ》の在る」

「へえ、それは知らなかった。いまからすぐ出かけましょう」

「羨しいですなあ」

久し振りに一献酌み合いたかったが、今夜の内に地元まで行って置こうと思い、すぐ急行電車に飛び乗ることにした。

「社から御坊の駅へお宿を頼ませときます。行ってらっしゃい」

「すみません」

京阪電車で大阪へ。地下鉄で難波駅へ。南海電車で和歌山へ。国鉄に乗り換えて御坊駅へ。九時をまわっていた。

笑い祭りのある丹生《にゅう》という部落には旅人宿もなく、その登り口の和佐という村に宿が取ってもらってあった。

駅前のタクシーで宿に向かった。

あたたかい雨が降っている。

「わしも明日お祭りに出るんじゃが、わるい天候になりやがったの」

日高川の長橋をはしりながら年配の運転手が呟いている。まっ暗でなんにも見えないが、道成寺へは鐘供養を見に来たことがあるので、土地カンはあった。窓を開けても寒くなく、さすがに紀伊の国だ。蜜柑畑がプンプン匂いを呉《く》れる。

日高川の堤に沿った往還に、清水屋という、村に一軒の旅人宿があった。蜜柑山をうしろにした二階座敷に通され、野趣のある風呂に入り、野趣のある食膳に坐ると、野趣のある地酒がのんでみたくなった。

雨は強くもならず弱くもならず、南国特有の嫋感《じょうかん》をこめて降りつづいている。藤村の千曲《ちくま》川の

詩の草まくらしばしなぐさむという句を思い浮かべながら、一人旅の佗しさをたのしんでいると、

おかみさんが上がって来た。

「役場の税務課長さんがお見えになりやした」

税と聞いて、トタンに旅情が散じ

「座敷の間ちがいじゃない」

「いいえ……」

ごめん下さいと、額の生え上がった人がはいって来た。

「京都新聞社から電話がありましたので」

笑い祭りの解説をして上げてくれと、神田さんが深切に電話しといてくれたことがわかった。

「それはそれは。わざわざどうも」

堀江一山という、尺八の先生みたいな名前の人で、税務課長という肩書が名刺に刷ってあるが

「祭りの世話をやらされておりますので」

と、ほころばされた頬には、暖国的な磊落《らいらく》さが人なつっこくただよっている。

南国風流譚でも聴かせてくれそうな人なので、盃をすすめたが、一つ受けただけで

「村の衆の寄り合いを待たせてあるもんで」

と、早速、プリントや地図をチャブ台の上にひろげられた。

「明日お祭りのある丹生《にう》神社というのは、ここから三キロほど山にはいったところにあるのですが、昔はそこの堤防下に在ったので、いまでも一摑《つか》みほどの林が残っています。宿のすぐ前ですから朝ごらんくださるとわかりますが、日高川の氾濫でお宮が流れたもので、丹生の正八幡宮へ合祀されたのです。だから、お祭りの前夜にはかならずそこで夜祭りをすることになっています」

「と言うと、今夜ですね」

「そうです。先刻雨の中ですませたところです」

「それは残念でした。なんとか天気にしたいものですね」

「大丈夫でしょう。雲がうすいから」

心配というものはここにはないと言った口吻《くちぶ》りだ。

「どういうところから笑い祭りというんですか」

「それはですね。今月は神無《かんな》月と申しまして、昔から全国の神々が出雲の国で神集《つど》いをなさる月ということになっておりますね。その時にこの土地の丹生《にう》津媛命《つひめのみこと》という女神さまも出向かれることになっていたのですが、お若いもんでつい朝寝坊をあそばした。で、気がついて、こいつは大変とばかり、慌てて神衣を身にまとうて飛び立とうとなさったところが、お急ぎのあまり裳《も》をお社の椋《むく》の木にひっかけられて、あられもない姿をお見せになってしまわれた。それを氏子達がながめて思わず笑ってしまった。娘の神様だからひどくそれを恥じて、神殿に身を隠してしまわれた。出雲にもそのニュースがはいって、神々が大いに笑われたというので、ますます出かけて行けなくなってしまった。で、氏子達もわるいことをしたと後悔して、なんとか女神さまを慰めようということになった結果、年に一度村中の者が集まって、一日中大いに笑おうというお祭りがはじまった。というわけなので」

「なるほど、おもしろい話ですね」

笑われたらますます女神のご機嫌を損じそうに思われたが、一応感心して置いた。

「それと、ちょうど蜜柑や柿の成る時季でもあるしするから、村の者も一年中のゴタゴタをわすれて機嫌良く笑い、神様にも笑っていただき、仲良く収穫祝いをやろうという意味も加わっているようでして」

その方がほんとうかもしれない。
説明を終えると、堀江さんはそそくさと帰り支度をし、村の寄り合いへ出かけて行かれた。

言葉通り雨は上がって、白く曇った朝空が川の上にひろがっていた。

鬼の出迎えという神事が、丹生神社へ行く途中の川べりで午前九時から行なわれるというので、朝食をすませるとすぐ出かけた。宿で作ってくれたお弁当を手に持ち、遠足気分である。

御祭礼と大文字で染めた幟《のぼり》が稲田のあちこちに立ち、昔懐しい蒸汽機関車がボッボッボッと通って行く。

和佐という小さな駅の前から直角に山の方に折れて、ゆるい傾斜の山道を登ってゆく。

雨上がりの蜜柑山が朝の光を清々《すがすが》しく吸い込み、ぽつんぽつんと立つ村家には、大形のコスモスがいまをさかりと咲き乱れている。江川という部落を通り抜けると長い橋の袂《たもと》に出た。湾曲した枝川が道の下方で広い磧《かわら》をつくっている。その磧に野天の祭壇が出来ていた。それを見下ろす道の上にも、大小の幟や竿万灯が立てかけられてあった。丹生大明神、和佐氏子中などという字が黒く染められてある。美しい傘鉾や大笠の周りに赤い布《きれ》を垂らした鉾なども、家の軒先に立てかけられてある。どうやらここが第一の舞台らしい。孫を抱いて橋の上に立っていた年寄に、念のため訊いてみた。

「鬼の出迎えとかいうのはここであるんですか」

「そう。ここで和佐の氏子衆と江川の氏子衆が顔合わせをして、山から降って見えるお神輿《みこし》をお迎えするだ。その前に二つの氏子衆が挨拶の鬼踊りをやるだ。それが見ものだて。おう、来た来た。江川の衆が来ただ」

川に沿った道を、おなじような幟、竿万灯、傘鉾、赤鉾などを持った二十人位の一群が近づいてくる。江川若者中という文字が幟に読める。緑色の揃いの手拭を首にかけている。

ある地点まで来ると、一行は足を止め、輪になってなにかはじめた。

「衣裳つけをやってるだ」

なるほど、人の輪が崩れると、鳥兜《とりかぶと》を被った天狗さま二人と、シャグマ頭の鬼さまが一人出来上がっていた。両者とも房飾りのついた神鉾を手にしている。その他は全部黒地に社紋を抜いた絆纏《はんてん》だが、おもしろいことに全部模様のスカートをつけている。お揃いではなく、色とりどりだが、一様に女模様の格子縞である。カアちゃんのを一日借りて来たような感じだ。フト女神の裳を連想した。

「和佐が出て来ただ」

江川の着付けを待っていたように、小学校らしい建物の脇から、ドヤドヤと祭り衆が出て来た。人数は江川と大小なく、装いも江川の一行を鏡に映したように一致している。変わっているのは首の手拭が桃色であるだけだ。

「さあ、挨拶踊りがはじまるだ。行ってみべ」

わたし達は橋をはなれて、氏子衆のそばへ場所を移した。

五十米《メートル》くらいの距離を保って、両方の天狗と鬼が対峙した。

「おめでとうございます」

路傍の草地に立った年寄の発声で、両方からワッハッハ、ワッハッハッハと高く笑い声を合わせた。年寄も色っぽいスカートである。

その年寄がわたしを小招ぎ、自分の脇に立たせてくれた。昨夜の税務課長さんだった。

「これがないと追い出されますから」

と、自分の手拭をわたしの首に巻いてくれた。役員は黄色である。

両方から一人ずつの天狗が踊りはじめた。お囃子がなく、体操のような手振りだが、牧歌的でなかなかおもしろい。

四股《しこ》を踏んだり、高く跳躍したり、クルリッと回転したり、さまざまの動きを見せつつ双方から接近し、そこでまた鉾を合わせて一トしきり踊る。支那芝居の立回りみたいだ。

両方の氏子衆もそのうしろからゾロゾロと接近して来、鉾合わせが終わるとともに、双方からもう一度ワッハッハッハッハと笑い合い、それで挨拶踊りは終わった。

あとは世話に砕けて、知り合い同士明るい声を上げながら堤を下り、磧の草の上で小休止ということになった。鬼も天狗もお面をズリ上げて、美味そうに煙草を吸っている。

まもなく山の方からお神輿が来た。幟や飾り鉾に守られ、神官、巫女、村老らしい裃《かみしも》連のほかに四、五人の稚児。少しあとから太鼓輿が担がれて来た。田楽舞の衆らしいのもビンザサラを手にして供奉《ぐぶ》している。

小学校の中から土地の古老が御幣《ごへい》のついた大きな枡を捧げて出て来た。枡には柿と蜜柑が竹串に突き刺されて何本も立っている。それをいくつもいくつも磧の祭壇へ供えに降りる。子供達も大人を真似て串を持ち、あとから蹤《つ》いてゆく。

柿の朱と蜜柑の緑の対色が美しい。

磧の上をぐんぐん雲が走り、雲切れしはじめた空から薄日が射したり翳《かげ》ったりしている。そのたび磧いちめんの芒《すすき》の穂が白く明るみ、すぐまた褪《あ》せた。

お神輿は氏子全員に迎えられて、磧のお旅所へ安置された。

「ここで奉納する獅子舞がおもしろいですから、近くでごらんになってください」

堤の草に足を投げ出して、神事を遠く眺めようとしていたわたしを、課長がわざわざ呼びに見えた。

神官の祝詞《のりと》、村老の奉饌、巫女の舞などが型通り行なわれると、獅子舞がはじまった。今度は笛太鼓の伴奏がはいる。

簡素な単純化された被り獅子だが、動作がとても上手《うま》く、狂いが生きている。天狗が一人鼻先に立ち、からかいながら狂いを誘導する。最後に怒り狂った獅子が天狗を一呑みに呑んでしまったところで、ワアッと見物の笑声が上がった。

が、それは天狗のブキッチョな呑まれ方だけをわらったのじゃなく、もう一つほかに笑いの対象があったのだ。

いつどこから出て来たのか、赤い頭巾の大黒面が磧に現われ、見物人の間を、馬鹿踊りみたいに腰を振り振り進んで来る。

「さあさめでたい、お笑いなされ。ワッハッハ。……さあさめでたい、お笑いなされ。ワッハッハ」

面の下でそううたいながら、巫山戯《ふざけ》た手振りで手にした神鈴をガラガラ鳴らす。女の子の前では好色的なゼスチュアもやって見せ、皆をワアッと笑わせる。

「笑い爺さんと言って、今日の祭りの立役者なんです」

そう説明しながら、課長もうれしそうに破顔してる。神事がスッカリお爺さんに持って行かれ、磧の上が和やかな笑声に充ちたところで昼食の休憩ということになった。

わたしはまた人混みを離れ、今度は少し遠い草の上で宿の弁当を開いた。切りスルメと玉子やきと沢庵だけの弁当がすごく美味しかった。水は前の流れを手で掬《すく》った。

食べ終わると、流れに渡された危い板橋をわたって、わたしは向こう岸の草土手に上がった。ブラブラと丹生にむかってあるきながら、対岸の道をゆく行列風景を眺めようと思った。

やがて行列は隊を整えてすすんで来た。神輿、鬼、天狗、笑い大黒らが、巫女やお稚児や、スカートの兄《ア》ンちゃんに混じってあるいてゆくのは、蜜柑山を背景にして、いかにも南国的なお祭り絵巻だった。

空はすっかり雲が散り去り、紺青の深い空から強烈な陽光《ひかり》が地にそそぎはじめた。

いい秋日和だ。銀々と光る芒の美しいこと。たわわに熟した柿の実の美しいこと。スカート模様の美しいこと。

見物の多い部落にかかるたびに、田楽の衆は行列の足を停めさせて、ササラの舞を舞って見せる。鬼と天狗も負けじと踊る。笑い爺さんもしきりと腰を振って女子供を笑わせる。この調子では山に着くまでにはよほどの時間がかかるだろう。

紀の国の秋をたのしみながら、ゆっくりゆっくりとあるいていたのに、行列よりずっと早く山の明神に登り着いてしまった。
四、五軒の露店が出ているだけの寂しい境内に、それでも近郊の人らしいのが百人ばかり、行列の到着を待っていた。
境内の脇に、林につつまれた美しい用水池があるのを見つけ、その岸べの秋草原に腰を卸《おろ》して、清冽《せいれつ》な秋の水をながめながら行列の来るのを待った。

笛太鼓の音はなかなか近づいて来ない。しかし、露店で買って来た甘栗を剝きながら、秋祭りの空気に浸っている心はこの上もなくたのしいものだった。

ようやくのことで行列が山を登って来た。笑い爺さんが、出迎えの人々をわらわせながら、依然人気を一人占めしている。

社前の馬場に勢揃いすると、行列はあらためて笑いを神に捧げることになった。今度は参詣者全部も合流し、警固の巡査もともに、課長の音頭取りで

「おめでとうございます。ワッハッハ。ワッハッハ」

と、大哄笑を空に上げた。わたしもいっしょにわらった。

本格的な神事がはじまるので、首脳部達は神殿に昇って行ったが、スカートの氏子衆は三々伍々草の上にかたまって、冷酒の宴がはじまった。これが今日の祭りの眼目かもしれない。もう途々のんで来たのもあるらしく、わたしにものめと言って茶碗を突きつけてくるのもある。

心たのしくその中を通って、もう一度美しい池のまわりをあるきに行こうとしたら、下山すると思いちがえたか、課長があとを追って来た。

「まだこれからスズメ踊りとヤッコ踊りの奉納があります。どうか見てやってください。それ

までお神酒《みき》でも召し上がりながら」
そう言って奉納の踊り衆が詰めかけている社務所へわたしを拉致して行った。

奥三河のさん候祭り

「奥三河のさんそろ祭りを見においでになりませんか」

と、名古屋のまつり同好会の人達に誘われた。十一月十七日。山深い奥三河ではそろそろ初雪の来る頃である。その寒い山間部落で、夜をこめて田楽《でんがく》が舞われるという。

「どうしてさんそろ祭りと言うんですか」

「一寸《ちょっと》風変わりな七福神舞でしてね、舞人《まいびと》と神官が一曲毎に問答をするのです。その冒頭にさん候という言葉がかならず使われるのです。トボケていてなかなかおもしろいですよ」

「田楽が申楽《さるがく》になり、さらに能狂言へと発展してゆく一つの過程と言われていますが、研究の対象としてはたいへん貴重な資料なので、もう一度よく視に行こうと思うんです。おいでになりませんか」

同好会のおかげでこの二、三年方々の田楽舞を見学することができたが、そういうセリフのはいる田楽舞というのは知らなかった。嬉々として、会員の一人が運転するクルマにわたしは便乗した。山深い村の秋の夜にも心が惹かれた。

空の色が抜けるばかり青い日の午後だった。自動車は昔懐しい旧東海道の松並木を豊橋に向かった。

舞のある三都橋《みつはし》という村は北設楽《したら》郡と南設楽郡の郡境の山地で、そこへ行くには豊橋で東海道線を飯田線に乗り換え、さらに本長篠から田口鉄道という私線に乗り換え、終点の一つ手前の駅で降りて、さらに自動車で奥へはいるという辺鄙《へんぴ》な山間だそうである。

自動車はだいたい汽車と並行してはしるようだった。豊橋の千姫御殿址の近くに美味しい田楽料理をたべさせる家があるというので、そこへ寄ることにした。田楽舞を見にゆく途次に田楽をたべてゆくというのも一行を興がらせた。言葉にたがわず美味しかった。

豊橋を出て北にはしった。盂蘭盆《うらぼん》に火踊《ひよんど》りの行事がある新城を過ぎ、長篠の古戦場を突っ切った。山々は既に紅葉が散り果て、野はいちめん芒の波である。

鳳来山が近づいた。その麓には雲竜荘というわたしの好きな山菜料理がある。名古屋を出る時はそこへ立ち寄るハラだったが、帰り途のたのしみにして、一路奥地に向かう。

往還は漸次寂寥《せきりよう》の影を加えて来た。山が近づき、空の陽光が消えたためだけではない。一人が長篠合戦の敗走者の話をはじめたためもあった。

「この道は徳川勢に敗れた武田の将兵があてもなく逃げ落ちて行った道なんです」

「どこへ抜けるんです、この道は」

「どこへ抜けようとするにも、道なき道だったでしょうからね。さんそろのある村にも、武田兵の集団自決地の址と言って、いまでも姿のかわった鬼百合が咲く谷があるそうです」

「隠れ棲んで、そのまま土民になったのもあったそうですね」

「その人達と、田楽舞とは関係がないんですか」

「それはないようですね。田楽の方はもっともっと古いんです。室町時代にこの奥三河の各地で田楽芸能がさかんに行なわれたことが、古文書に記録されていますから」

その民俗芸能はいまもまだ奥三河から遠江《とおとうみ》、信濃の山地にかけてつつましく伝承されている。その名称は、大念仏、放下《ほうか》、はねこみ、掛け念仏、夜念仏と、土地々々によって異なるが、一貫して田楽舞であることにかわりはなく、その豊富さは驚嘆する外はない。

「室町時代は諸国の社寺で延年風流《えんねんふりゅう》の舞が盛大を極めたと言いますし、放下僧が各地を遍歴したとも言いますから、その流れを汲むものかもしれませんね」

「山が深くて現世との距たりが遠かったから、古い時代の芸能が形を崩さずに守られて来たのでしょうね。ぼく達が誇りとしているのは、内容の豊富さということだけじゃなく、その伝承の正確さという点にもあるのです」

日が暮れ切らぬ内目的地にはいりたいとひたすら道を急いだおかげで、自動車はまだ夕空が明るい山峡の三都橋に着いた。山に挟まれ、ささやかな谷川に沿った物寂しい村落だった。

清水屋というたった一軒しかない宿屋に持物を放り込み、はじめて来たわたしのために、まっすぐお宮へ行くことになった。

村心の家並みは一町足らずで尽き、外れにお宮の鳥居があった。石段脇の店先で小判型の白い餅を串に刺して焼いている。自動車が停まると、店の中から餅串を手にしたのが二、三人とび出して来た。早くから来ていた会員達だった。

「これが大平餅です。一ついかがですか」

香ばしい醤油の匂いに食欲をそそられ一串をもらった。しかし刻々と濃くなる暮色を見ると、悠々と床几《しょうぎ》に腰を据えてはいられず、串を手にしたままわたしはお宮への石段を登った。こういうところが山村のたのしさである。もっともその姿を見られる参詣者は一人も見当たらなかった。

「いまちょうど昼の部と夜の部の合間なんです。村の人はみんな家の中でお祭りをやってるんです」

先着会員の一人が言った。そうなのだ。お祭りはお宮だけのことではないのだ。家々の囲炉裡のまわりにも、一家揃って昔懐しい民俗行事がたのしまれているのだろう。

杉林に囲まれた段丘にお宮があった。大して広くない境内の中央に、ドッカリと大釜が据わり、薪束が堆《うずたか》く積まれてある。その左手に蓆《むしろ》屋根の桟敷《さじき》が作られ、中が三つに仕切られてある。

「中央が神座で、右が神囃子の座、左がご来賓の座です」

深夜の見物衆のための大焚火の場所を決めておられた古老の伊藤さんがそう言われた。

「じゃ、行って来ます」

桶を手にした一人の青年が拝殿を降りて来て、老人に挨拶した。

「ご苦労さんじゃ。気いつけての」

青年は足早に石段を降りて行った。

「今夜不動の舞を演る若い衆でな、この先の沢谷の滝まで垢離《こり》に行ったです。その滝の水を持って帰らないと、釜の湯が沸かされねえもんで」

そう説明されてから、老人はわたしを拝殿に案内された。

中型のお神輿《みこし》が古色にくすんで神前に安置されていた。

「先程あの山の上から観音様をお迎えして、ここへお降りになりましたので。明日の朝また山へお還りになられます」

社縁から指さされた空に、暮靄《ぼあい》につつまれた前山が見えた。その中腹に塔の木観音堂というお堂があり、そこで今日の昼間大般若経の転読が行なわれ、それが終わると、本尊の十一面観世音が神輿に移られ、急坂を里へ降られた。そして一夜を村社に過ごし給うつれづれのおなぐさめが、さんそろ田楽なのだ。

「お迎えについて行ったんですが、スゴイ坂道ですよ。おまけに細くてね、輿に乗ったお乳子《ちご》姫が落っこちないかと心配しましたよ」

先着の一人が昼間の渡御《とぎょ》の模様を話してくれた。

「それは見たかったなあ」

「明日のご還幸をごらんになればいいです。登りと降りとのちがいだけですから」

伊藤さんが言われた。

翌る日わたしはそれを見たが、小人数のじつに素朴な渡御だった。縁起書によると

行列ハ榊　禰宜《ねぎ》　庄屋　獅々　旗二本　笛二本　太鼓二人　戸囃子一人　オ乳子一人　旗二本　庄屋　若党数人　御幣《ごへい》　神輿　神刀　庄屋　氏子惣代ノ順序ニテススミ　途中オ乳人ノ

舞二度アリ

とあるが、いまはその四分の一もなかった。村民の生活事情と思想がそうさせるのであろう。それはこの村に限ったことではない。しかし、素朴な山の祭りの味としては、その物佗しい渡御風景もわたしにはたのしかった。わたしもあとについて登ったが、なるほど聞きしにまさる悪路だった。しかし、大太鼓を肩にした太鼓役が、疲れも見せず、律を守って撥《ばち》を打ちつづけてゆく勇姿を見ると、休みたい足も休められなかった。

お乳子の舞も単調ながら優美だった。社殿の前で一度、山の登り際で一度、山のお堂の前で一度と床しく舞った。お堂もいかにも山中の堂といった古色があり、その昔人身《ひとみ》御供《ごくう》が行なわれた頃、生贄《いけにえ》の娘をささげに来たのはこんな堂ではなかったかと、お乳子姫と見比べながらフト思った。

トップリと日が暮れたので、宿へ食事に行くことにした。芸能は八時にはじまり夜中頃終わるのだそうだ。

「以前は十一時頃からはじめて、明け方までやったもんじゃが、いまはいろんな事情があってのう」

伊藤老人の言葉には若き日への郷愁が匂っている。

開幕を告げる大太鼓がきこえたので、わたし達はお宮へ出かけた。提灯一つ出ていない暗い道を石段の下まで行くと、わずかに横万灯が一つ段を照らしていた。

境内には大釜の湯が濛々《もうもう》とたぎり立ち、桟敷にはもう囃子方と主脳氏子連が坐っていた。それらの姿がハッキリと眼にはいったのは、反対側の枯れ銀杏の下で、下枝を焦がさんばかり高く、焚火が燃え上がっているためであった。その火を背に村人が三十人ばかり垣をつくっている。

遠来の客のゆえに、わたしは最前列の席を与えられ、問答のセリフを写した刷り物を貰った。

「へえ、台本があるんですか。これはたいしたもんだ」

拝殿の神事を終えた禰宜が三人、小机を前にして神座に坐った。一人が主官、二人は援官というところらしい。年若い主官禰宜が紙綴じ本を小机にひろげた。ちょうどわたしが芝居の稽古場で演出をしている格好である。

笛の音が嚠喨《りゆうりょう》とわきおこった。

さあ、はじまりだ。太鼓の撥がドーンと打ち込まれた。楽器はその二つ切りだ。あとは手拍子で補う。

拝殿から面をかぶった舞い手がとび出して来た。

「プロローグの不動舞です」

不動は釜の周りを一まわりして、神の座の前に来た。先刻滝へ行った青年だ。火に照らされた面は相当古い面らしく、ところどころ虫喰いの跡が見える。

禰宜が眼を机に伏せたままで口を切った。

「かかる貴き神座へ、事すさまじきなりをしておいでたる者は何者にて候」

不動が朗々たる声で
「さん候。それがしは滝に住む天照不動明王にて候」

なるほど、これがさんそろか。

「不動様にはなんとしておいでなされ候」

「されば、一粒を千粒と思う滝の水、みだりに汲み取るいわれはいかに」

勧進帳バリである。

「なるほど、ご立腹はごもっともに候へ共、当所にましします牛頭天王、八王子、並びに白山大権現、十一面観音、そのほか大小の神祇へ五穀成就、万民繁昌のため、湯を献じ奉らんと、おことわりもなく汲み申候。しかし、明王様にもその湯をご献上なされ候え」

「さもあらばなにしに神威を冒すべし。なんじが言う通り、すなわち大小の神祇是に在します。しからば悪魔ゴウブクの、不動の舞をいたして帰らん」

こう書き写すと、亡き幸四郎と亡き羽左衛門のヤリトリをおもわせてまことに劇的なのだが、じつは少しも盛り上がらない。不動の青年が音声さわやかに暗誦しているのに、禰宜の方が台本を見ながら対しているからだ。近眼らしく台本に眼鏡を近づけて読んでいるので、よこから見ると、不動さまが税務署へ呼びつけられているようである。

ともかくも問答が終わり、舞になった。不動は右手に剣を持ち、左手に棒鈴を握りしめ、湯釜の周りを東西南北に五方の舞を舞いつつ

「とうとうたらりや滝の水」

と、いい歌調で三唱する。それに対して眼鏡の禰宜も

「日は照るとも絶えず尽きせず」

と、三唱するのだが、これも棒読みの上の低声ではなはだ意気が上がらない。

氏子の間に不満の色が動きだしているようだ。社家はなく、三神官とも他村から出張して来ているが、眼鏡の方が上位なので、主官のマウンドを踏まされたのであろう。

不動が舞い去ると、入れかわって、恵比寿が現われた。

「かかる貴き神座へ、見なれぬ風俗にておいでたるは何者にて候ぞ」

「さん候。それがしは天照皇大神宮の三男、西の宮の蛭子三郎にて候」

相変わらずアンバランスである。

「どうもいけねえのう」

飲んで来たらしいのが桟敷で露骨な憤声をもらす。

恵比寿の鯛釣り舞が終わると、とうとう投手交代ということになった。かわって小机に坐ったのは痩身鶴のごとき老神官だが、これは台本を閉じ、胸を張って、多年の修練を見よやとばかり、現われた毘沙門にむかって、朗々とセリフをそらんじて見せる。

「毘沙門様には、いかがいたしにおいで候や」

「されば、当所に神楽あると聞き、氏子に福を授けんと参って候」

「こいつはいいだ」

「こう来なくちゃアな」

好評嘖々《さくさく》である。たしかに問答もおもしろくなって来た。

一度引っ込んだ恵比寿がどこからか現われて、釣竿で毘沙門の後頭をコツンと撲った。

ワッと子供達がよろこぶ。

「やあ、なんじはひととせ島に流され、今本土に帰り、万《よろず》の初魚食いながら、かかる神座に出しゃばりて。見苦しい。帰れ、帰れ」

突いてかかる毘沙門の鉾を、右に左に、足元危く避けながら、恵比寿はおどけた足取りで控所へ逃げ込んでしまった。

あらたまって毘沙門は、鉾を手に、五方の舞を生真面目に舞い、湯を献じて控所に消えた。

その次の大黒がたいへんな問答《やりとり》だった。投手交代のワケもわかった。

「かかる尊き神座へ、見なれぬ風俗にておいでありたるは何者にて候」

「さん候。それがしは七福神の内、ダダラ大黒にて候」

どうにか祭りが締まって来た。

「大黒さまには、なんとしてここへおいでなされ候」

「当所に神楽があると聞き、身がゾングリ、ゾングリとして来て候」

ここらまでは前三者とおなじ儀礼だが、今度は抱え込んで来た物の一つ一つを検問されることになる。

「見ればさまざまの道具をお持ちなされたが、それはなんであります」

「これは大黒の打出の小槌」

「この袋は」

「延命の小袋」

「こちらの菰《こも》包みは」

「これぞダダラ大黒の大福俵」

全部出されてしまって、あと一物となる。

「まだあります。まァだあります。それをお出しなされませ」

「これは見せてはならぬ物」

「名はなんと、申しますゥ」

「お女中方の好まっしゃる、ヌメクラ棒というものじゃ」

「いざご披露を」

「ならぬ、ならぬ」

「ご披露、ご披露」

問答の末、奉書に包んだ木片がついに呈出される。男根である。わっとわらい声がわき起こる。大黒は奉書を破って、木片を両手に突き出し、検閲を受けた上

「ウチママヨ。ヌメクラ棒。ヌメクラ棒」

と、うたいつつ踊りまわる。娘っ子の前ではわざと鼻先へそれを突きつける。わああと笑声が境内に充ち、お能で言えば間《あい》狂言というところであろう。

焚火と大釜のためか、夜気は少しも身にこたえないが、焚火の上の火の粉とおもわれたのが、チラつき出した粉雪であることがわかった。外はかなり冷えているのであろう。

人気役者の大黒が見物の睡気を醒ましたあと、槌と鈴を両手に、五方の舞を舞い、神前に湯を献じて引っ込むと、物蔭に出を待ちかまえていた弁天さまが楚々《そそ》として現われた。楚々とした女らしさを見せようとして、殊更に足を内輪に運ぶので、釜の前に近づくまでに足がもつれ、スッテンドウと土に転んだ。酒の気も手伝っているらしい。

「あいつ、もう酔っぱらってやがるだな」

「寒くて我慢できなかっただよ、きっと」

役場の吏員らしいのがわらい合っている。

「昔は舞と舞の間がずいぶん時間がかかりましての。舞うのをわすれて食べ酔っていたもんでさあ。見物の方でもゆっくりとかまえて宴をひらいていたですよ。だから、全部の舞が終わる頃には夜が明けちまったです」

「なにしろ、年に一度のたのしみだでね」

古老達が昔を懐しんでこもごも呟く。

弁財天も例に洩れず禰宜の前にすすんだ。

「かかる尊き神座へ、女性の身として何者ぞ」

「さん候。七福神の内、弁財天にて候」

女形の声色を真似て、おチョボ口で答えるので、皆がドッとひやかす。

「馬力屋ァ」

という声もかかった。田舎にしては洒落た掛声である。

「弁天さまには、なんとしておいでなされ候」

「されば、氏子繁昌、五穀成就のため、清らかなる湯を献上いたさんとしてまいり候」

検問が終わると、弁天さまは別に見せどころもなく、五方の舞を舞うと、湯笹で釜の湯を掻きまわし、当所当村氏子繁昌、湯玉サンジャクなんとかなんとかと口の裡《うち》で唱えながら、解けそうになって来た帯をおさえて、控え場に消えた。

太平楽の舞がはじまる。烏帽子《えぼし》役三人で釜の周りをまわるのだが、キチンと型を守った行儀のよい神舞だった。終わりに木剣を抜き放ち、エンヤハハと掛声をして、飛鳥のごとくとび交うのが印象的だった。

「花祭りの三つ舞に似てるね」

同好会の一人が呟いている。

太平楽が終わると、残りの三福神が次々と現われ、おなじような振りを繰り返した。おもうに、昔のことならば、ここらは観客の酔い潰れの刻限なのであろう。布袋、寿老神、福禄寿と、いずれも面貌はおもしろいが、演技の上に格別の儲け場所はない。睡くなった女子供が二人三人と帰ってゆく。

「いよいよフィナーレです」

フィナーレというからは、七福神が全員揃って総舞でもするのかとおもったら、それはわたしの芝居者センスであった。

さいはらい面の男が榊《さかき》を手にして現われ、お獅子を呼び出した。釜をまわりながら、お獅子にいろんな芸を演らせる。鯉の滝登りなどというのもあった。やがてお獅子が暴れ出し、さいはらいは榊でそれを追いながら控所に消えた。

これで祭りがおわった。いささかあっ気ない終局だが、祭典委員達にはまだこれからもう一つ、夜をこめての祭宴が待っているのであろう。誘われたが拝辞して、まっ暗な村道を宿に帰った。

祭りがすむのを待っていたかのように、雪がつよく降り出して来た。

美保ヶ関の諸手船

いまこれを書いている書斎の壁に、風呂敷大の赤旗がピンで止めてある。中央に美保《みほ》神社と白く染め抜かれ、両側に五穀豊穣、海上安全と抜かれてある。去年冬の諸手船《もろたぶね》神事というお祭りを見に行き、社務所で受けて来たものだ。漁夫らしい老人もそれを受けていて、船の幟《のぼり》に付けるのだと言っていた。隠岐《おき》の島からはるばる祭り見に来たと言ってたっけ。

いい海の祭りだった。いまも髣髴《ほうふつ》として眼に浮かぶ。

お社の在る美保ヶ関という町もよかった。いまは衰えたが、昔はずいぶん栄えた船着場だそうで、そのかみ出船入船を遊女達が送迎したであろう廃楼がまだ残っているという。わたしの好みに合った古い港村だった。

松江市から行くのがいちばん近いと聞いたので、米子を通り越して、松江駅に降りた。なるほど、美保ヶ関までバスで一時間足らずの近さだった。十二月の声を聞くともう観光客の姿はなく、車内は地方の人達ばかりだったが、中の海が近づき、本庄という町を過ぎると、もう車内はガランとなってしまった。

「美保ヶ関までですか」

並んだ座席から年とった人が声をかけた。

「ええ、お祭りを見に」
「おう、それは。ぼくもそうなんです」
お能の翁みたいな顔に同好の微笑をほころばせ、窓の外に去来する加賀の潜戸《くけど》、多古鼻《たこばな》の洞穴などという名勝とそれにつながる神話をあれこれと説明してくれた。まるでそれはわたしが望んでいた通りの仕合わせで、わたしの心を出雲風土記の世界へ溶け込ませることを早めさせてくれた。よい人に出会ったとよろこび、わたしはその夜の宿の世話までその翁氏に頼んでしまった。

空は雪を催したさまに薄曇り、短い冬の日がさらに早く暮れいそぐようであった。

「明日のお船神事は雪の中かも知れんなあ」

と翁氏は呟き、今年で三年つづけて撮しに来ているのだと言った。そう言えば網棚に立派な写真機がのっかっている。

美保ヶ関に着いた時はもうまっ暗だった。バスの終点は大鳥居の前なので、美保神社と記した神灯が、厳かながら親しみのある灯色を闇に浮かせていた。

浜に面して建った美保館という宿屋にはいり、三階に隣り合った座敷を取ってもらった。

欄干の下はすぐ定期船の桟橋で、もう終発が出たらしく、境港ゆきと記した看板だけに裸電灯がブラ下がっている。風がなく、波がひたひたと物静かに寄せている。

食事も一緒にした。酒好きらしく、地酒の味を自慢しながら、神事に関するわたしの初学的質問にも嫌な顔もせず答えてくれる。

「諸手船というのはどういう意味なんですか」

「明日ごらんになるとわかりますが、大勢の漕ぎ手で漕ぐところから来た名前ということになってます。丸太舟から転じたものだという説もあるんですが。大きな神木の幹をえぐって作ったもので、古代の造船技術をいまに伝えている貴重な遺物なんです。古事記では天の鳥舟と呼んでいますね」

「その船がどうして神事になったんですか」

「それはですね。少し話が小学生っぽくなるけれど、ご承知の天孫降臨ね。ニニギノミコトがアマテラスオオミカミの命を受けて、日向の高千穂に天降り給うたという。その事前工作として大八《おおや》洲《しま》の民族統一をしなくてはならないというんで、使節が下界に派遣されました。ところが第一回のアメノホヒノミコトが三年経っても帰って来ない。で、第二回のアメワカヒコを再派遣したが、こいつがまた、いや、この神さんがまた八年間帰って来ない。ノンビリしたものですよ。帰って来ない方も、それを待ってる方もね。はは」

三度目の使節のタケミカヅチノミコトが、やっと出雲の伊那佐の浜で、氏族の首長であるオオクニヌシノミコトと対決することが出来た。と言うことは、当時大八洲では出雲族が一等強大な氏族だったから、それを征服することは大八洲全土を掌握することだったのだ。

対決の経過については諸説があるが、結果的にはオオクニヌシは天つ神の意志を容れた。しかし、出雲の政治は息子のコトシロヌシに一切委ねてあるので、その意見を訊きたいと言い、その居場所を探させると、美保の岬で魚釣りをしていることがわかった。

で、早速イナセハギという使者を諸手船に乗せて美保に派遣した。

コトシロヌシは父の意見に同意して、一切の領土を天つ神に奉献しようと答え、海中に青柴垣《あおふしがき》、すなわち神霊の宿る神籬《こもろぎ》を作って、海原にその姿を消した。そのコトシロヌシを祭神にして美保神社が造営された。

「そういう話が古事記や日本書紀にあるので、その歴史的な国譲りの伝承を神事にしたのが、春祭りの青柴垣神事、冬祭りの諸手船神事というわけなんです」

「なるほど、おもしろいですねえ」

「おもしろいよりは少しバカバカしいんですが、まあ、今夜と明日はその世界に棲み込んでいる方が、祭りはたのしいですよ。はは」

あたたかい晩である。雪の来る気配もなく、十二月の二日だというのに、火のない座敷がいっこう苦にならない。海の幸の数々も新鮮で美味しかった。一合の地酒が旅の疲れをほごしてくれ、めずらしくトロリとまわっている。


「腹減らしかたがたお宮へ行ってみましょうか。宵宮の夜神楽が見られるかもしれませんよ」

わたし達は丹前のまま外に出た。
二、三軒の宿屋と数軒の土産物店。土地でいっとう明るい場所らしいこの小路も、そろそろ店を閉めはじめている。終発の定期船とバスが出てしまうと、団体客でも泊まらない限り、もう店を明るくしていることは不経済なのであろう。ブラついているのはわたし達だけであった。
磯の匂いがつよく鼻をつく大鳥居を潜った。

さすがに神格の高いお宮である。

長々とのびた石道が石段に突き当たると、そこが神門だった。石段を上がり、回廊に挟まれた神門の下に立つと、真正面に黒々と拝殿の大屋根が聳《そび》え、お神楽の音がヒッソリときこえている。

「あ、やってる、やってる」

翁氏は先に立って拝殿を覗きに行ったが、わたしの方を振り向き

「真の神楽をやっています。早くごらんなさい」

と、石段を昇ることをすすめた。

外廊の格子から中を覗くと、裃《かみしも》をつけた人達が宮司を中央にズラリと居並び、年若い巫女が唯一人舞っている。

「あの人が今年の頭屋神主です。その隣が一年神主、その隣が上官です。祭典の最高首脳部というところですな」

巫女は右手に鈴を、左手に榊《さかき》の枝を持って舞っているが、それは無知識のわたしの眼に、どこともおなじ類型の神楽舞と映じた。しかし、楽人の奏でる舞曲のメロディーには、やや耳なれぬ異風が感じられた。

「これが出雲神楽です。岩戸神楽や神代神楽の源流です」

聴き入っている内、急に夜が更けわたった感じがして来た。少しはなれて聴いてみたいと思い、

跫《あし》音を忍んで階《きざはし》を降り、広い境内の砂利の上をゆっくりとあるいた。

闇に慣れた眼に、拝殿の奥の本殿の大屋根が仄かに浮いて見え、その背後は神木の密林であるらしく、黒洞々たる林の奥から、これもまたわたしの耳には異妖と感じられる夜鳥の啼声がきこえる。

空はいよいよ暗く、しんしんと霜の降りる気配がきこえるような静けさである。その中を悠遠な神代音楽が謙虚に、幽玄につづけられている。一切の空間を夜の闇に消され、初日を開けるため狂気のごとく過ごした劇場生活が遠い世界と去り、わたしはいま一介の古代出雲土民だった。

「終わりましたよ。浜でもブラつきますか」

翁氏が迎えに来てくれた。

わたし達は参道を降って、波打際の方へあるいた。一軒の夜店も出ていず、祭り着の子供一人見えず、古提灯の灯ひとつに守られた静粛な宵宮である。

しかし海の上は静粛ではなかった。絶え間なくエンジンの音がきこえ、舳灯の灯が次から次と湾をはいってくる。

「明日のお祭りのために、出稼ぎの連中がどんどんと帰ってくるんです。今夜は夜っぴてのんで騒ぐんでしょう」

バーものみ屋も見あたらない港の家々では、外見の静粛とは反対に、出雲族末裔の健康な笑声が賑やかにつづくのであろう。

「灯台があるんですか」

岬の空を時々明るませる光芒を見てわたしは訊いた。

「そうです。明日の朝行ってみましょう。沖の御前と地の御前という岩がありましてね、そこがコトシロヌシが魚を釣っていた岩礁だというんです。無血国譲りが決定した歴史的遺跡というわけですわ」

そう言ってわらいながら

「コトシロヌシという神様は人間味のある神様だったらしくて、後世の人がエビスさまという愛称をつけて親しむようになったんです」

そうだ。エビスさま像はいつも釣竿と鯛とともにある。

「おもしろい口碑が残っているんですよ。コトシロさんにミゾクヒメという好きな女の子があってね、あすこの方向の揖屋《いや》という所へ、しょっちゅう妻どいに出かけて、明け方鶏の声を聞いて帰ってくるんです。ところが、ある日鶏の奴が時ならぬ時刻にトキをつくったもんで、寝呆《ねぼ》け眼《まなこ》で船に乗ろうとして、海の中へ足を滑らせたんです。その足を鰐鮫《わにざめ》の奴がパクンと噛《かじ》っちまったんで大変なことになっちまった。あとはどうなったかわからないが、そんな口碑があるんです。どんな口碑があったって別に差し支えはないんだけど、そのため美保では古来ニワトリを飼うことがタブーになっているんです」

「へえ、いまもですか」

「そうです。明日の朝食にも玉子はつきませんよ。土地の青年達は、だからトリすきも、チキンカツも食べることができない。これは大きな差し支えですよ。はは」

国譲りの潔《いさぎよ》さといい、この風流譚といい、わたしはコトシロヌシという神様がたいへん好きになった。

早く眼が醒めたので、関の五本松をひとりで見に行き、空腹を抱えて帰って来ると、波打際で翁氏がカメラを覗いていた。対象は二つの木舟である。ああ、これだなと思った。早朝にでも持ち運ばれたものか、天幕張りの幄舎《あくしゃ》に並んで、四方を注連縄《しめなわ》で劃《くぎ》り、海から来る朝風に清々しく御幣《ごへい》がひるがえっている。

「出雲富士をバックにして撮りたいんですが、まだ顔を見せやがらないんで」

そう言えば沖の空は今朝もまだ曇ったままで、絵葉書だと真正面に見えている伯耆大山《ほうきだいせん》は全然姿を見せない。

「これが諸手船ですよ」

長さは二丈くらい、幅は三尺くらいの独木舟《まるきぶね》で、舳先《へさき》に方形の座が付いている。

「この座に頭屋神主がマツカという木の鉾を捧げて坐るんです。それが船の依代《よりしろ》、つまり神の象徴になるわけです」

なにかを思い出したのか、ニヤリとわらって
「春祭りだと、その頭屋神主の気がヘンになったところが見られるんですがねえ」

「冬の祭りでは見られないんですか」

「だって、昨夜お神楽を見てたじゃないですか、正気で」

「ああ、そうか」

「本人だけじゃなく、おかみさんも気がヘンになるんですよ」

「どういうことなんです、それは」

「ま、めしを食いながら喋りましょう」

美保館の三階から女中が手招ぎしているのを見て、翁氏も空腹を思い出したらしい。なるほど食膳に玉子の気《け》はなかった。

「どうして気がヘンになるんですか」

「神がのりうつるんですよ」

「現実にですか」

「ええ、現実に。嘘《うそ》だと思ったら春の祭りを見においでなさい。人間神様がお供え物の山に埋まって、参詣者にお賽銭を投げられている図が見られますから」

「冗談じゃない」

「それを可笑しいと思っちゃ駄目ですよ。ここに居る間はコトシロヌシの身内にならなくちゃ。ははは」

翁氏は諧謔《かいぎやく》的な表現をしているが、話を聴く内、その世にもバカバカしい話の中から、世にも尊い古代信仰の合理性がわたしに理解されて来た。

美保の祭りは土地の氏子達の手で一切営まれる。それは古代信仰の一つの典型であって、それがいまもなお保守されているということは、学界としても非常に貴重な研究資料であるという。土地の旧家筋から選ばれた二人の頭屋神主は一年間の潔斎生活のあと、客人《まろうど》神社の神主に昇格する。その奉仕が三年。それからさらに一年間潔斎がつづけられ、一年神主というものに昇進する。その一年間の潔斎は特に厳しく、一年三百六十五日、一日も欠かさず、朝、昼、夜、三度海にはいって潮カキの行《ぎょう》をつづける。どんな台風の日も吹雪の日もそれを怠ることはゆるされない。生きるための生活を持った上でのことだから、強烈な信念なしにはやれないことであろう。

「一年神主は、だから土地の最高権威者として奉られます。そして一切の行政は一年神主と、その奉仕を経て来た上官と尊称される人達の手で行なわれて来たんです。いまだってまだそれはつづいているようですな。自己推薦の選挙候補達がメガホンで怒鳴ってまわったって、なにを喚いてるって表情でしょうな。とにかくここには神と繋がる政治形態がまだ厳然と守られているんですから。それがハッキリと形を示すのが、年二度のお祭りですよ」

春祭りが来ると頭屋の家は神宿となり、数々の神飾りや神饌《しんせん》に埋められる。その中に頭屋は烏《え》帽子《ぼし》大紋の姿で凛然と坐し、参詣者の柏手を受けている。そして漸次神になってゆく。

「その間ずっと断食なんです。そうすると少し精神状態がボンヤリとして来て、睡気といっしょに神霊がのりうつって来るような気がしてくるらしいんです。そして参詣者にもそれが神に見えてくるというんです。だから祭り舟に乗せる時は、みんなして抱えて行きますね。舟には小《お》忌人《んど》という側神を同乗させることになっていますが、それになるおかみさんがやっぱり亭主とおんなしような夢遊状態で、フラフラしながらおんぶされて行きますよ。そして、その昔青柴垣が作られた海原を拝礼しに行って帰ってくるわけですが、それを神々の面をつけた氏子達が浜に出迎え、八乙女の舞や田楽舞が奉納されたりして、すごく賑やかな祭りですよ」

「見たいですねえ」

「是非見に来てください」

世話人のような口吻《くちぶ》りである。

朝食がすむと、また美保神社へ連れて行かれた。黒地に白く美保神社と染め抜いた長幟が二流、沖から吹き寄せる朝風にハタめいている。流石《さすが》に本祭りの日らしく、鳥居前から参道にかけて、十数軒の露店が店を並べ、祭り着の子供達がそれに群がり、一応祭り風景がととのった。潮に焼けた顔に裃をつけた年寄達もうれしそうにウロウロしている。

朝空の下で仰ぐと、檜《ひ》皮葺《わだぶ》き切妻造りの本殿の見事さに、あらためて強い神格を感じた。

「二棟に分かれた比翼屋根は大社造りの中でも特殊な様式でしてね、美保造りという呼名もあるんですよ」

拝殿では八百穂の祭りがはじまっていた。八乙女の舞を昨夜の巫女が舞っている。

「一人だけの八乙女舞は一寸《ちょっと》寂しいですね」

「出雲には神様が多うすぎて、巫女の配給が足りないのでしょう。はは」

八百穂の祭りがすむと、神事の一行は岬の突端の客人神社という末社へ祭り始めのご挨拶に行くことになっている。祭神は出雲大社の主神オオクニヌシである。五穀豊穣の神というところから、後人は大黒さまという愛称を奉った。

岩礁を見るため、一行よりも先に出発することにした。浜通りの一つ内側の小路をあるくと、この町の古代的な体臭がいよいよ濃く感得される。軒の傾いた小家の奥にも今日の祭りの神が祀られ、海気でボロボロになった幔幕を軒にめぐらせている家もある。わたし達の跫音を行列の先触れと思いちがえてとび出して来た按摩女もあった。昨夜帰って来た船の衆が朝からまたのみ直しているらしい家もあった。

船と言えば、もう湾の周辺は、神舟の出漕地点と定期船の桟橋を残して、見わたす限り漁船で埋まっている。海上カーニバルを観るための水上スタンドみたいである。

ゆっくりと岬をまわり、歴史的釣り場を見、灯台を見て、客人神社への狭い山道をあえぎ登ると、もう社前には裃の役付衆が二列に整列し、二人の頭屋神主も人間の顔を列ねていた。

簡素な小狭い神殿の中で、また巫女楽がはじまっている。巫女嬢もたいへんな神仕えである。

神帳の奥から

「可哀想だからもう要らないよ」

と、大黒さまが声をかけそうである。

末社神事が終わると、一行はふたたび山を降りて、半キロの海沿い道を本社に戻った。そこでまたお神楽がはじまった。また巫女が舞わされるのかと思ったら、今度は古老二人が舞った。

「あっちのが庄屋代、こっちの方が年寄代です」

舞が終わると、今日の神舟の漕ぎ手定めの儀式だ。拝殿いっぱいにギッシリと詰めかけた若い衆を前に、宮司が古風なゼスチュアで神籤《みくじ》をひく。神楽の伴奏でなかなか大時代だ。

籤に当たった者はよろこび勇んで装束を受取り、更衣室へ駈け出す。それを奪おうとして落籤者がわっと周辺に集まる。それを前後左右に払いぬけて駈けてゆく。はじめはほんとうに奪おうとするのかと思ったが、ニヤニヤわらいながらとびかかっている者もあり、行事の一つの古習であることに気がついた。

さて、いよいよお船出の儀である。

宮司を先頭に役付衆が参道を浜に降りてゆく。

浜には装束を身につけた乗り手がズラリと居並んでいた。素肌に白張、素足に白袴、いずれも黒い帆懸烏帽子という素朴ないでたちである。舳先に頭屋、艫《とも》に大櫂役と助手の大脇役。あとは全部漕ぎ手である。大櫂役だけが平礼烏帽子をつけている。

宮司の祝詞《のりと》が終わると、一艘に九人ずつ、二つの舟をエンヤエンヤと波打際に押して行き、颯爽と舟に乗り込んだ。

風が出はじめたためか、海の色が眼に見えて青深くなって来た。

浜辺はいつか人で埋まっている。

ドーン　ドーン　ドーン

幄舎の中で叩かれる太鼓を合図に、二つの舟は岸を離れた。三穂両大明神と読める船旗を海風に鳴らし、六本の櫂がリズミカルに白波を切る。早いこと、早いこと、まこと天の鳥舟の名にそむかぬ舟足だ。ぐんぐんと小さくなってゆくが、まだ競漕ではないようだ。

「さあ、特別席に戻りますか」

翁氏がカメラを閉じてわたしを誘った。

わたし達はまた美保館の三階に戻ったが、欄干に立つと同時に思わずわたしはワアと叫んだ。

「こいつは凄い」

浜辺では神舟に眼を奪われて気づかなかったが、湾を縁《ふち》どる漁船の全部がいっせいに大漁旗を掲げたのだ。一艘毎に大小十数本、色とりどりの染め抜き旗だ。八島丸、寿丸などと船名を抜いたものはメーンマストに、海上安全、大漁満足などと抜いたものはその周りに、強烈な色彩が無統一の統一を見せている。

海風が吹きつけるたびに、湾内全部の旗が嵐の日の花壇のようにハタめく眩しさ。インクのような潮の色と対比してなんという見事さであろう。コトシロヌシのエビス顔が眼に見えるようである。

「これはいい。これは素晴らしい演出だ」

眼を細くしてわたしは繰り返した。

諸手船は遠く客人神社のあたりまで漕ぎ去り、そこでオオクニヌシへの拝礼を終えると、舟首を返して帰途についた。今度は競漕らしい。櫂しぶきが往路とはちがう。舟の上下も激しく、波を蹴って猛然と驀漕《ばくそう》して来る。

元の浜辺に近づくと櫂の手を休め、今度は潮のかけ合いだ。互いに頭からビショ濡れになり、そのまま岸に上がるのかと思ったら、また舟首を返して岸を離れた。今度は二方面にわかれて、両岸の漁船群の前を漕いでまわる。漁夫達のさかんな声援が飛ぶ。

沖合でふたたび舟首を合わせると、また激しい競漕で戻って来た。

今度は上がるのかと思ったら、また沖に引き返した。

やっと三度目に汀《みぎわ》へ舟首を着けた。それが祭りの次第なのだろう、今度は宮司や役員が幄舎を出て波打ち際に出迎えた。

仲良く舷《げん》を並べた神舟の上にそれぞれの大櫂役が白扇を手にして突っ立ち、デュエットでなにか唱えている。宮司がそれに応答している。

「応答祝言の儀をやってるんです。大櫂役が使者のイナセハギ、宮司さんがコトシロヌシで、国譲りのさまを模しているんです」

事のついでに、あとで文献によって知ったセリフを記録して置こう。大櫂役の方は、タカーさんどう、乗って候。宮司の方は、めでとう候、天長地久、国家安穏、皇祚《こうそ》の栄えまさんこと、天壌のムタ窮まりなかるべし、タカーさんどうめでとう候、というのだ。タカーさんどうがわたしにはまだよくわからない。

「あ、また漕ぎ出しましたよ」

「もう三度湾をまわるんです」

「へえ。たいへんだなあ」

定期船が湾をはいって来た。もうそんな時刻だったのか。

「ありがとうございました。お蔭でお祭りが何倍かたのしく見学できました」

終バスで松江に帰る翁氏こと松崎幸吉氏と再会を約し、わたしは桟橋に出た。船客はみんな甲板に立って湾を見ている。

諸手船はまだ漕ぎまわっている。漁船の花旗もまだ声援をつづけている。岸辺には見物人がまだ人垣を作り、明神館、朝日館の各階も人の顔でいっぱいだ。わたしの出郷を港じゅうで歓送してくれているようである。

船が動き出した。美保館の欄干に乗り出して翁氏が手を振っている。その振り方になにか指示するものがあるので、その方向を振り向いて見、わたしは思わず声を上げた。いつか青空がひろがった海の果てに、大山が全容を見せているのだ。歓喜とともに、わたしはその心をゼスチュアで翁氏に送った。

絢爛たる港内をぐんぐん船は出てゆく。

若い船員達が騒ぎ喚く声に、舷側を覗いてみたら、手の届くくらいの近さを、諸手船がすれちがっているところだった。船員の中に友達が居るらしく、しきりと櫂で水をかけ、ワアワアとわらい合っている。海猫がその上から歓声を浴びせる。

地蔵岬を右に回ると、大山は全姿に新雪を装ってますますハッキリと見えて来た。

船が境港に着き、米子行きの汽車に乗り換えたら、わたしは途中の寒駅で降り、夜見ヶ浜の長汀を訪れようと思う。そして神々の遊んだその砂の上で、たそがれの刻を送ろうと思う。ちょうどその頃には大山の雪が黄泉《よみ》の国からの斜陽に赤く染められることであろう。その夕茜《あかね》が消え、山の姿が太古の闇に没し去るまで、悠久の潮騒の音を聴いていようと思う。

あとがき

これまで見てまわった祭り行事の中から、少し風変わりだと思われるものを選んでまとめてみた。

奇祭という字を用いたが、それは現代感覚の上で様式がめずらしいというほどの意味であって、どの行事も古来厳粛な信仰心によって奉仕されて来たものだ。そして現在でもその心は消えていず、当事者達は敬虔《けいけん》な態度で奉仕をつづけている。その姿を描いてみた。

ニュースを見ていると、いま日本は国を挙げて国風破壊作業をやっているような錯覚を起こすが、諸国の祭り行事を見てあるいていると、美しい国風が厳然と保持されていることを強く感じる。いや、大都会にもそれは根づよく遺されている。日本人の心のふるさととして、祭り行事というものがいかに大きな地位を占めていることか。

日本を永遠に美しい国として守ってゆくためには、そして若い国民に国風の尊さをおしえるためには、どうしても祭り行事をさかんにしなくてはならない。お祭りを見ているといつもそれをかんがえる。これはけっして老人の古びた思想ではない。

上梓のため今度もまた淡交社の臼井常務の協力と激励を得た。深く感佩《かんぱい》している。画を描いてくださった林悌三画伯と得がたい写真を集めてくださった朝日新聞の吉岡専造氏、大木栄一氏にも厚くお礼を申し述べる。

昭和四十四年八月

北條秀司

解説「資料から見る劇作家・北條秀司」

馬場弘臣

やはり不世出の劇作家であったというべきであろう。名作「王将」で知られる劇作家北條秀司は、明治三十五年（一九〇二）十一月七日に大阪で生まれた。本名は飯野《いいの》秀二《ひでじ》である。大阪市立甲種商業学校（現・天王寺商業高校）を卒業した後、大正九年（一九二〇）に日本電力株式会社大阪本社に入社し、同社に籍を置く一方、同十三年から関西大学専門部文学科で学んだが、昭和元年（一九二六）に東京建設所への転任を命じられた。この転勤は、昭和三年に小田原電気鉄道が日本電力と合併し、新たに鉄道部分を箱根登山鉄道株式会社として分離設立したことから、その準備として同社に出向となったのであった。箱根登山鉄道時代には、事務課長として鉄道や旅館部門の再建に尽力する一方で劇作家への道を志し、同八年に岡本綺堂《きどう》の門下となると、同十二年に「表彰式前後」で劇作家としてデビューした。北條秀司という筆名は、戦国大名の小田原北條氏にちなんで岡本からつけてもらったものである。岡本が同十四年に没すると、以後は長谷川伸《しん》を師として仰ぐことになる。

それにしても驚くべきは、その旺盛な創作活動である。昭和十二年のデビューから平成六年（一九九六）に九十三歳で永眠するまでの五十九年間に創作した戯曲の数は二百二十編を超えている。とくに昭和二十二年に新国劇で上演された「王将」は、北條最大のヒット作となり、第二部・第三部を含めて現在でも再演がくり返されている。その後も歌舞伎、新派、新国劇、東宝演劇などの舞台に脚本を提供し続けた。大劇場演劇（商業演劇）の第一人者としての北條の作風は、庶民の哀感や社会とのかかわりを、その強靱かつ繊細な精神で叙情豊かに描き続けたと評価されている。また、自らが書いた脚本は自ら演出するという自作自演の姿勢を貫いたことでも有名である。例えば全盛期の昭和三十五年には脚本十四本に上演が三十四本、翌三十六年には二十本の脚本に三十一本の上演とまさに驚異的である。北條の創作に対する姿勢は、その厳しさから「北條天皇」「強情秀司」とも呼ばれていた。さらに、北條の作品はジャンルの多彩さでも際だっていた。デビュー作の「表彰式前後」のような現代劇・社会劇から、源氏物語に題材をとった「浮舟」や「末《すえ》摘花《つむはな》」などの古典もの、「千利休」や「北條政子」、「信濃《しなの》の一茶《いっさ》」などの伝記・時代物、「丹那《たんな》隧《ずい》道《どう》」や「松川事件」のようなドキュメント・ルポ物、そして「仇ゆめ」「京舞」のような舞踊ものといったように、時代も題材も多岐にわたっている。とくに歌舞伎への作品提供は、舟橋聖一や三島由紀夫などとともに戦後の新作歌舞伎を代表する一人に数えられており、源氏物語を題材にした戯曲は「北條源氏」と呼ばれた。

北條がとりわけ書くことに対して非凡なのは、戯曲に対してだけではない。『北條秀司戯曲選集』全十二巻（青蛙房、一九六二〜七六年）などの出版を通して自らの作品をまとめるだけでなく、『わが歳月』（日本放送出版協会、一九八一年）や『演劇太平記』全六巻（毎日新聞社、一九八五〜九一年）などによって自らの足跡はもとより、演劇界を俯瞰するような役割も果たしていた。そうした創作物の数々は、実は北條の旺盛な情報蒐集と自らの足跡をまとめた数多くのスクラップブックにみることができる。とくに自作の演劇に対しては、同じ演目であったとしても一回ごとにスクラップブックにまとめるという徹底ぶりである。その数もゆうに七百冊を超えている。つまり七百回以上の上演の記録が残っているということで、現在、そのほとんどは松竹大谷図書館に保存されている。

そうした北條の趣味の一つが祭りであった。舞台の合間、または取材旅行の合間、もしくは祭りそのものを目的とした旅に出ては、自らの目でみた祭りをまとめて上梓した。今回復刻した『奇祭巡礼』（淡交社、一九六九年）の他にも『祭りのふるさと』（日本交通公社、一九六八年）、『古都祭暦』（淡交社、一九六九年）、『奇祭風土記』（淡交社、一九七一年）、『祭り歳時記』（東京美術、一九七五年）、『祭りの笛』（北斗社、一九八二年）、『おまつりきちがい』（北斗社、同年）、『愛知の祭りの紀行』（中日新聞社、同年）、など祭りに関する著作は多い。もちろん、これらに関する資料としてのスクラップブックやアルバムも数多い。

北條がいつ頃から祭りに興味を持っていたのか定かではないが、北條自身が今も続く有名な祭りの創始に関わったことは意外と知られていない。昭和初期に北條が箱根登山鉄道で事務課長として働くきっかけになったのは、大正十二年の関東大震災が関係していた。北條は、この大地震で大きな被害を受けた箱根登山鉄道の復興のために出向したのであった。それはまた強羅《ごうら》を中心とした箱根の再開発に関わる事業でもあったが、さらに震災復興のために昭和十年に復興記念横浜大博覧会が企画されると、その第二会場として箱根観光博覧会が開催された。その目玉として大名行列が企画されたのだが、これが今も箱根の秋を彩る年中行事として人気を誇る「箱根大名行列」の始まりであった。当時、箱根登山鉄道の事務課長を務めていた北條は、老舗旅館環翠楼の主人鈴木二六とともに実行担当を務めた。北條は、その二年後に劇作家としてデビューしたのであるが、あるいは舞台で多くの人が演じる演劇の世界と、同じく多くの人がそれぞれの役割を持って創り上げていく祭りの世界に、一つの共通点を見いだしていたのではないかとも思われる。

『奇祭巡礼』は、北條が実際に見た全国の祭りの中から、「少し風変わりだ」と北條自身が思うものを集めたものである。このような随筆ものはまた北條の得意とするものである。軽やかなタッチで情景深く描かれているのはもちろんのこと、祭りに対する眼差しはあくまでも優しくあたたかい。できればここに収録された十八編だけでなく、他の北條の著作と一緒にみてもらえたらと思う。ただ、この『奇祭巡礼』が刊行された昭和四十四年は、終戦後の高度経済成長末期にあたり、その後、日本の社会も風景も様変わりしてきた。いや、むしろこの頃についても北條は、日本は国を挙げて国風破壊作業やっているようなものと述べていて、祭りの中にはそうした「美しい国風」が厳然と保持されているという。その後の時代、一九七〇年代のオイルショックから八〇年代のバブル経済、九〇年代におけるその崩壊、そして二十一世紀に入ると地方の疲弊は顕著になっていった。今も果たして北條が願った祭りの風景がどれだけ引き継がれているのか。あるものは変貌し、またなくなったものもあろう。逆に新たに創生されたものもある。それらをひっくるめて本書の復刊が、北條が体験した祭りとその当時の風景を追体験することで、新たに今を問い直すきっかけになればと密かに考えている。

最後になったが、挿絵を提供した林悌三《ていぞう》（一九一一〜七八年）について触れておきたい。京都市立絵画専門学校本科（現・京都市立芸術大学）で日本画を学び、近代京都画壇を代表する日本画家山元春挙に師事した林は、画業の他、舞台美術家、脚本家としても活躍した。北條の作品では、「狐と笛吹き」（一九五二年初演）、「浮舟」（一九五三年初演）、「建礼門院」（一九六九年初演）、「奥の細道」（一九七〇年初演）などの舞台美術を担当している。それだけでも北條の林に対する信頼の厚さを知ることができるが、北條の祭りに関する著書にもまた多くの挿絵を提供した。そして北條は、林の挿絵を六冊のスクラップブックに収めて大事に保存してきた。林の絵をこよなく愛したであろうことはもちろんのこと、これもまた記録魔としての北條の面目躍如と言ってよいであろう。私らの世界で言えば稀代のアーキビストである。その積み重ねの上に重厚な北條の脚本があり、随筆があるというのは疑いないところであろう。

（令和三年一月現在、東海大学教育開発研究センター教授）

行事のしるべ

三州西尾のテンテコ祭り

西尾のてんてこ祭り

一月三日

愛知県西尾市熱池町神田一〇三　熱池八幡社

❖名鉄西尾線「福地」駅下車、徒歩十五分

南信濃新野の夜田楽

新野の雪祭り

一月十四日

長野県下伊那郡阿南町新野二六〇八―四　伊豆神社

❖ＪＲ飯田線「温田」駅よりタクシーで四十分。もしくは
三遠南信車道「天龍峡」ＩＣより車で四十分

大和五条の鬼走り

陀々堂の鬼走り

一月十四日

奈良県五條市大津町一七七　念佛寺

❖ＪＲ和歌山線「大和二見」駅よりタクシーで十分

松本平の三九郎焼き

三九郎

本来は小正月の一月十五日だが、地域により異なる

長野県松本市をはじめとする中信地方の各地域

秩父隠れ里おんまらさま

神流町の御神体祭り

一月十四日(特に祭礼はなし)

群馬県多野郡神流町間物地区

❖上信越自動車道下仁田ＩＣより車で一時間

明日香の宮のおんだ遊び

飛鳥坐神社のおんだ祭り

二月第一日曜

奈良県高市郡明日香村飛鳥七〇八　飛鳥坐神社

❖近鉄「橿原神宮前」駅より奈良交通バスで「飛鳥大仏」停留所下車、徒歩五分

秋田六郷の竹合戦

「六郷のカマクラ」の竹うち

二月十五日

秋田県仙北郡美郷町六郷字本道町一一五　カマクラ畑

❖ＪＲ奥羽本線「大曲」駅より羽後交通バス横手・大曲線で「六郷上町」停留所下車、徒歩五分

牛久保城下のうじ虫祭り

牛久保の若葉祭り、うなごうじ祭り

四月第一土・日曜

愛知県豊川市牛久保町常盤一六四　牛久保八幡社

❖ＪＲ飯田線「牛久保」駅下車、徒歩五分

尾張熱田のオホホ祭り

熱田神宮の酔笑人神事

五月四日

愛知県名古屋市熱田区神宮一丁目一—一　熱田神宮

❖名鉄名古屋本線「神宮前」駅下車、徒歩三分

奥近江の大凧揚げ

東近江大凧まつり

五月最終日曜

滋賀県東近江市栗見新田町一二二四　ふれあい運動公園

❖ＪＲ東海道本線「能登川」駅よりタクシーで十五分

※現在休止

相模大磯座問答

相模国府祭

五月五日

神奈川県中郡大磯町国府本郷　神揃山

❖ＪＲ東海道線「二宮」駅または「大磯」駅より神奈川中央交通バスで「馬場公園」停留所下車すぐ

吉野山の蛙飛び

金峯山寺蓮華会・蛙飛び

七月七日

奈良県吉野郡吉野町吉野山　金峯山寺

❖近鉄吉野線「吉野」駅下車、徒歩二十分

相馬の原の野馬追い

相馬野馬追

七月最終土曜より三日間

福島県南相馬市小高区小高古城一三　相馬小高神社

❖ＪＲ常磐線「小高」駅下車、徒歩十五分

九十九里浜の鬼来迎

広済寺の鬼来迎

八月十六日

千葉県山武郡横芝光町虫生四八三　広済寺

❖ＪＲ総武本線「横芝」駅よりタクシーで十五分

琵琶湖岸の気ちがい祭り

今堅田の野神祭り

十月八日

滋賀県大津市今堅田二―三二―三　野神神社

❖ＪＲ湖西線「堅田」駅下車、徒歩二十分

日高川べりの笑い祭り

丹生神社の笑い祭

十月「体育の日」直前の日曜

和歌山県日高郡日高川町江川一九五六　丹生神社

❖ＪＲ紀伊本線「和佐」駅下車、徒歩四十分。もしくは阪和自動車道「御坊」ＩＣより車で十分

奥三河のさん候祭り

参候祭

十一月第二土曜

愛知県北設楽郡設楽町三都橋内貝津二　津島神社

❖ＪＲ飯田線「本長篠」駅よりタクシーで三十分。もしくは新東名高速道路「新城」ＩＣより車で四十分

美保ヶ関の諸手船

諸手船神事

十二月三日

島根県松江市美保関町美保関六〇八　美保神社

❖ＪＲ境線「境港」駅よりタクシーで二十分。もしくは米子自動車道「米子」ＩＣより車で五十分

記載情報は令和三年一月現在のものです。社会情勢等により、開催の可否も含めて大きく変更される場合がありますので、見学の際はあらかじめご自身でお調べください。

北條秀司（ほうじょうひでじ）

1902年、大阪生まれ。本名・飯野秀二。関西大学専門部文学科卒業。劇作家。岡本綺堂に師事し、1937年に戯曲『表彰式前後』でデビュー。綺堂没後は長谷川伸に師事し、新国劇をはじめ新派、歌舞伎、舞踊劇などさまざまな分野で作品を発表。代表作に1940年の『閣下』（新潮社文藝賞）、1947年の『王将』、1951年の『霧の音』（毎日演劇賞）などがあるほか、『源氏物語』を題材にしたものも多く、その集大成は「北條源氏」と称された。執筆した脚本は自ら演出することで知られ、その厳しい指導ぶりから「北條天皇」とも呼ばれた。日本演劇協会会長、国際演劇協会日本センター会長などを歴任し、1987年に文化功労者に選出。1996年没。

奇祭巡礼

二〇二一年二月一一日　初版発行

著者　北條秀司

発行者　納屋嘉人

発行所　株式会社 淡交社

本社　〒六〇三―八五八八　京都市北区堀川通鞍馬口上ル

営業　〇七五―四三二―五一五一

編集　〇七五―四三二―五一六一

支社　〒一六二―〇〇六一　東京都新宿区市谷柳町三九―一

営業　〇三―五二六九―七九四一

編集　〇三―五二六九―一六九一

www.tankosha.co.jp

装丁・レイアウト　矢萩多聞

印刷・製本　亜細亜印刷株式会社

　ISBN978-4-473-04438-9